あたりまえだけど
なかなかできない

係長・主任のルール

井上和幸

明日香出版社

はじめてのリーダー、
はじめての部下。

チームでもっとも
あきらめの
悪い奴になれ

自分の目標を追いつつ
チームのマネジメントも
やってみせる!

まえがき

はじめてのリーダーのための、一生モノのバイブル！

おめでとう。

今日から君は、長い社会人人生での新たな第一歩、そしてこれまでとは異なるとても重要な一歩を、間違いなく踏み出したんだ。

係長・主任になったからって、別に昨日までと今日からで目に見える大きな変化はないかもしれない。

管理職一歩手前で一般職員であることに変わりはないし、給料だって雀の涙程度の手当てが付くくらいだ（もしかしたら、それすらもないかもしれない）。

その割には上司からは、「今日からは君もリーダーだ。これまで以上に業績を上げて、同僚達に背中をしっかりと見せるように」とか、「後輩達のよい相談役となって、若手をしっかりと育ててくれたまえ」など、いろいろなことを要望される。一方で、自分がもつノルマは減るどころか、チームで一番高くなってしまった。一体、どうやってこれを達成しろというのだろうか……

おめでとう、などと言われても、ピンと来ていないかもしれないね。逆に不安と不満ではちきれそうかもしれない。

僕はいま45歳。この本の読者層は30歳前後から30代後半だろうから、ちょうど君達の10〜15年後を生きている。

振り返ると、僕自身、これまでの20数年の社会人人生でもっとももしんどくて、明日が見えなかったのが、まさに係長・主任時代だった（当時、僕はリクルートという会社に在籍していて、その頃リクルートには「係長」「主任」という肩書は存在していなかった。課長になる前の2年ほどはいくつかのプロジェクトのリーダーを任されていて、その頃が一般企業における係長・主任クラスの業務内容だった）。次から次へと降ってくる仕事に押しつぶされそうだったし、上司に対してや会社・事業部に対してどうすればよいかわからず、一方で同部署や関連部門の後輩達に何を示せばよいのかも不明だった。迷いっぱなしの数年で、会社に行くのも毎日しんどくて気持ちが乗らず、精神的にも鬱になりかけていたと思う。

でも、いま振り返ると、その頃にぶち当たった壁、思い迷ったことが、すべていまにつながり、結果、当時はできるなんて夢にも思わなかった起業・会社経営にまでつながっている。
嘘偽りなく、あの頃の自分がなければ、いまの自分は存在しないだろう。

この本は、そんな僕が、数多くのリーダーとして成功している先輩方の歩みを拝見し続け、またささやかながらも僕自身が自ら体験し実践し手ごたえを得ているものから、その共通した係長・主任時代のやり方・あり方を抽出・凝縮したものだ。

ちょっと大きな話になるけど、いま、日本は大変な時代に突入している。君達が日本を背負う中核世代となる10年後、20年後は、いまとはあらゆることがガラリと様変わりをしているのは間違いない。そんな未来への予見も、この本の中に可能な範囲で、あまり遠くなりすぎない程度に組み込んでいる。

上場会社で3000社強、主要大手企業で約1万社、法人数としては400万社以上といわれる日本企業で、いま、本当に不足しているのがリーダー人材だ。

これからの日本企業、日本経済・社会を支える、志高き経営者・リーダー達の育成と輩出を推進すべく事業をおこなっている僕に、このタイミングでこの本を著す機会をいただけたことにご縁と使命・役割を感じている。

この本が10年後、20年後の日本を支える真のリーダーを一人でも多く生み出すきっかけとなればと願って、渾身の力と想いを込めて各章を著した。

実は、僕がもっともこの本を読ませてあげたいのは、先が見えずもがき苦しんでいた30歳前後の頃の僕自身かもしれない。

僕も味わった行き先の見えないもがき苦しみや先行き不安から、初めてリーダーとなった君達を解き放ち、今日からの一歩をより確実で力強いものとするために、この100個の法則が役立てばこれほど嬉しいことはない。

道しるべがあるのだから、君達には迷いなく、これからのリーダー人生を謳歌してほしい。今日明日のヒントとして、また10年後、20年後でもひも解いていただける一冊となったと自負している。

僕らの仕事人生の9割は、係長・主任時代で決定付けられる。

だから、改めてこの言葉を贈ろう。

「リーダーデビュー、おめでとう!」

あたりまえだけどなかなかできない

係長・主任のルール

6章　背中を見せる現場リーダーの仕事術

7章　ツイてるリーダーになるルール

8章 係長・主任の地力作りのルール

9章 係長・主任のキャリアのルール

カバーデザイン：AD　渡邊民人（TYPEFACE）
：D　二ノ宮匡（TYPEFACE）

1章

係長・主任の仕事のキホン

係長・主任のルール
01

会社の中で「もっとも未来への可能性をもつリーダー」だと自覚する

係長・主任の役割をもらった当時の、30歳目前の僕は、プロジェクトの責任とやりがいを感じながらも、不満を抱えていた。

ある新サービス開発のプロジェクトリーダーに任命されたのだが、開発責任者といいながらも、自分は一介のメンバーにすぎない。全企画の起案・推進やネゴシエーションを期待されながらも、上司である部長に決裁をいちいち仰ぐ必要がある。部門のお偉いさんから関係他部署までが好き勝手なことを言ってくる。調整に追われながらも、本部の一員として進捗を詰められる。てんてこ舞い、切った張ったで早朝から深夜まで働き詰めになった。

別の事業部では同期の中で第一陣の課長昇進も出た。その彼の業務と自分の担当業務を比べると、自分のほうが重い責任を負っているように感じる。何でこんな仕事を振っておいて、俺を課長に昇進させないんだ。勝手な不満を抱えてうつうつと仕事をしていた。

そんなあるとき、別部署のかわいがってくれていた部長と飲んだ。部門が違うことをよいことに、この不満を遠慮なく爆発させた。するとその部長は、僕の愚痴を一通り聞き終わった後に、僕をさとすでもなく、こんな話をしてくれた。

「井上さあ、会社の中で一番ラッキーな立場って、何だと思う?」「何だろう……」

「社長・事業部長までいってしまうと、それはそれで大変だ。やるべき事業は決まってしまっているし、目の前の大きな業績責任を最終的に全部背負わなければならない。成功すれば見返りは大きいけど、失敗すればその立場までいってしまっていると、もう後はない」

「ラッキーなのは、新任の係長・主任で、その会社で一番若いリーダーだ。つまり、社長より役員より、部長より課長よりも、一番、未来がある立ち位置なんだよ。遠慮なく思い切りできる。もちろん上司の了解のもとにだ。それで大成功すれば自分のもの。万が一、失敗したら上司のせいにすればいいじゃないか（笑）」

係長・主任は、リーダーとしてのデビュー戦だ。**チームリーダー、プロジェクトリーダーとしての責任と役割をもてる。**一方で、結果責任は上司も一緒に負ってくれる分、**リスクに構えすぎずに、思う存分暴れてかまわない。失敗しても挽回は何度でも効く**時期だ。

一番未来への可能性をもっていて、やりたいようにやってかまわないリーダーというポジション。それが係長・主任なんだ！　目の前がパッと明るくなったのをいまでも覚えている。

係長・主任のルール
02
上司の有力な右腕になる

僕は株式会社 経営者JPという会社を経営し、日々、30歳前後のリーダー層の方々から40代・50代の役員・社長職層の方々までのキャリア支援、転職支援、採用支援（エグゼクティブサーチ、ヘッドハンティングと呼ばれている）をおこなっている。

社長や役員、管理職の人達だって人の子だ。若手の君と同じく、いろいろな人間関係や仕事の進め方で常に悩んでいる。そんな彼らからの相談を日々受けている。

その中でも実に多い悩みが、「上司・部下の関係」だ。

君の上司に当たる課長も、上司の部長との関係で悩んでいるし、部長は上司の役員と、役員は社長との関係で、多くの方々がうまく付き合えずに悩んでいる。いくつかの調査によれば、若手から幹部まで、転職したい理由の9割は「上司が気に入らない」からだそうだ。

係長・主任になった君も、課長やその上の部長との関係の問題を抱えていたり、すでに衝突していたりするかもしれない。

リーダーの定義は世の中にいろいろとある。もっともシンプルで機能的な定義は、「他人を動かして事を成し遂げる人」だろう。

この場合、リーダー＝上に立つ人、「他人」＝部下達、と考えがちだ。しかし、上司という「他人」を忘れてはいけない。まず最初に重視しなければならないのは、実は、上司だと言ってもよい。**上司も含めた「他人」を、良好な関係をもって動かすこと**を意識しよう。

上司から見れば、君を含めた「他人」を動かして、自分の役割・仕事を全うしようとしている。そのことも理解しておこう。上司が達成したいことは、何だろう？　上司の果たすべきリーダーシップの中で、自分が係長・主任として貢献できることは何だろう？

隣接する上下関係というのは、もともと構図上、敵対しがちなものなんだ。近いが故にぶつかるのだ。「上司より俺のほうが優れている」「この手柄は上司ではなく俺の仕事によるものじゃないか」放っておくと、上下間でそういった感情が働くのが、人間の本性のようだ。

であれば、お互いの役割・立ち位置を、まず最初にしっかりと確認するのが得策だ。**上司は敵ではなく、同じ組織でプロジェクトを遂行するパートナー**。役割分担をし、その上で一緒に成功する仲間である。そのことをしっかり胸に刻んでスタートすると、必ずうまくいく。

係長・主任のルール

03

所属する課、部の利益代表となる!

リーダーになった君は、「リーダーって何だろう」「リーダーとして、どう働けばよいのだろう」と思い、書店に行って関連書籍を手にし、何冊か購入して読み込むだろう。いろいろな識者や研修コンサルタントや経営者が、リーダーに求められることについて語る。人間性を磨こう。業績を上げよう。マネジメント力を身に付けよう。――

「うわっ、そこまで求められるの?!」「大事なのはわかるけど、一体どうやればいいの?」

「自分にできるんだろうか……」

そんなふうに感じることも少なくないのではないかと思う。

「経営者の目線をもとう」という話がある。リクルートでも「社員皆経営者主義」というメッセージが、特に僕の入社した頃は隅々まで浸透していた。

某コンサルタントは「〝中間経営職〟になれ!」と言っていた。もちろん、俯瞰した全社視点は大事にしてほしい。が、ともすると、自分の業務の直接の範囲内にないがゆえに、全社目線は「会社の評論家」に陥る危険性も高い。
「こんどあの部門のサービス、こんなふうに変えるらしいぜ」「えーっ、絶対失敗するよな」「来期の経営方針、あれ、どうだろうね?」「俺ならあんなチープな戦略出さないけどなぁ」「そう?　じゃあ、どんな?」「いや別に俺、社長じゃないから、別案作る責任ないし〜」

会社という生き物は、頭・手足・胴体が一体となって動いて初めて機能する。全員が頭になっては「船頭多くして船山に登る」ということもあるし、個別のサービス・商品に関しては最前線の顧客接点での情報こそが重要だ。

誤解を恐れずに言えば、**係長・主任は、堂々と、自分の部署である課や部の「部分利益代表」になればいい。**自身が日々接している顧客・現場情報から、いまの部門の改善点をガンガン本部に突き上げて、「何で、お客様のために、こうサービス変更できないんだ!」くらいやれる係長・主任が、将来、結果として全社を代表する経営幹部になっている。

係長・主任の時代は、**全体バランスよりも、自分の足元の実業を日々よりよくする、個々のお客様のご要望をくみ上げ、ニーズを満たすことに、迷いなく徹すればよい**のだ。その足元の固さこそが、将来のより大きな業務につながる土台・幹となる。

係長・主任のルール

04

「社長の目」をもつ第一歩

「全社目線よりも、課や部の利益代表となるリーダーになれ」とお話しした。

その上で、係長・主任の君は、これまでのメンバー時代と違い、「社長の目」をもつ第一歩を踏み出したんだというお話をしたい。

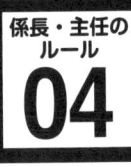

先ほどの項で、リクルート社の「社員皆経営者主義」のことに触れた。

ＰＣ（プロフィット・センター）制と呼ばれる収益管理のしくみは、創業者の江副浩正さんがリクルートを急成長・高収益・組織活性化集団にした仕掛けの一つ。課長、所長は擬似社長的に、自分のＰＣの売上やコスト管理による収益責任を負って、その業績で評価される。その代わり、スタッフの採用や人事の裁量、コストの予算権を与えられる。いくらお金を使って、何人でどれくらいの売上・利益を上げるか、ＰＣ長である課長や所長に任されるわけだ。リクルートの管理職表彰制度の名前は、「優秀〝経営者〟賞」だ。

先にお話ししたように、リクルートには係長・主任という肩書きはない。僕が在籍していた頃は、「01（ゼロワン）」という呼称が営業部にはあって、これが実質的に係長・主任だった。一般社員の中でもっとも上に立つリーダー職で、課長とともに、ときには課長代行として、ＰＣを引っ張り、マネジメントする。この立場に立つと、初めて、組織としての目標・業績・実績が我がこととしてついて回るようになって、ビジネス・商売というものが、実際、どんな活動や投資・コストを使って成り立つのかを身にしみて理解できるようになる。メンバーの頃は、「なんだよ、会社もケチだな。もっと経費使わせてくれればよいのに」「もっとスタッフ雇ってくれれば楽なのに」なんて考えていたのに、ＰＣ責任者側に回ると、「なんだ、あいつ、こんなことに経費使いやがって」「もっと一人ひとりが生産性を上げてくれないと、利益が厳しいな……」という思考に、自動的に切り替わる。

君の会社が、課やチームの単位に、どのような権限や責任を任せているかは、まちまちだと思う。

しかし、係長・主任としての君は、ぜひ、組織情報を可能な限りオープンにするよう働きかけ、**自分のチーム、グループ単位の「擬似社長」として、売上・コスト・利益に目を配って働いてほしい**。それが個人としてだけでなく、組織としてビジネスできるリーダーへの第一歩であり、実は「社長側」に自分の向きを変えた大いなる一歩となっているのだ。

係長・主任のルール
05

地位を与えてもらっただけでは、うまくはいかない

初めて役付きになると、何かそれだけで、仕事のレベルが上がったように感じるものだ。これまで出席していなかった営業リーダー会に参加するようになった。「○○主任」「○○係長」なんて呼ばれるようになったかもしれない。

気合い十分、「よし、俺の考えで、他のチームとは違う動きをしよう！」

僕も、あれこれ新しいことをするのが好きなタチなので、初めてチームをもったときに、ここぞとばかりに〝オリジナル・プログラム〟をいくつも導入した。チームミーティングを招集してみたり、独自の管理日報を作ってみたり、メーリングリストを発行してみたり。

が……　結果は笛吹けど踊らず。形式上は従ってくれるものの、プロジェクト会議に集まれば、メンバーは宿題をやってこず、発言も出ない。管理日報の更新は滞り、メーリングリストは自分の一方的な発信ばかり……　さすがに、ある日、ブチ切れた。

「おい、お前ら、やる気あるのか！」

「……」「井上さん、この会議の意味、何でしたっけ……」「この日報、手間の割に意味がないように思うんですけど」「このメーリングリスト、何書けばいいんですか……」

メンバー達の発言を聞いて、愕然とした。当時の僕は二つの誤解を前提に動いていた。

一つは、自分が決めたことは、メンバーは当然理解してくれているだろうという思い込み。

もう一つは、上に立つ自分の言葉にメンバーは従うものだという慢心。

「リーダーマッチ理論」というリーダーシップ理論があるが、そこでおもしろいのが、チームに及ぼせるリーダーシップの影響度合いの比率は、「リーダーのもつ権限・権威」:「チームの課題の明確化」:「リーダーとメンバーの人間関係」＝1:2:4というものだ。権限なんかよりも、チームのそもそものテーマや課題がはっきりしているほうが2倍影響度が高く、人間関係のほうが4倍影響するということが、この研究で明らかにされているのだ。

係長・主任になったら、まずやるべきは、会社から与えてもらった権限の行使の前に、チームメンバーとしっかり理解し合い人間関係を築き、自分のチームがこれから何を成し遂げるのかを明確に設定しメンバーとしっかり共有することなのだ。

そのあと、事業・組織切り盛りをなんとかやってこられたのは、最初にこれを痛感し、知っていたからだと思う。

係長・主任のルール
06

チームが熱くなるストーリーを語る！

経営者の方々とお付き合いしていて思うのだが、経営力のある人、業務執行力の高い人との会話には、必ずといっていいほど、「活き活きとしたストーリー」を感じる。それに加えて、「ストーリー設計」を常に感じさせてくれるのだ。

経験を語るときの、目の前によみがえるようなライブ感。単なる「お話」ではなくて、そもそもの発端は何で、自分は何を考え、周囲でどのようなことが起こり、それに自分はどんな対処をして、どんな結果に至ったのか、という組み立てを明快に語られる。

また、これからのことに対して語る際も同様だし、こちらがたとえどんなボールを投げたとしても、そのボールをゴールに導くための想定ストーリーを設計し、決着付けるよう最大限の努力をおこなう思考回路がうかがえる。

心の知能指数・EQ理論で言われているが、「**人は理屈で説得され、感情で動く**」。

チームとメンバーの進む方向性がつながっている＋メンバー同士がつながっている状態（「エンゲージメントを得ている組織状態」と言われる）を実現する要素として、

・「立志」（人を魅了する志と、それを形にするスキル）
・「共鳴」（組織ビジョンに共感し、実行しようという想いが組織に充満している状態）
・「信頼」（相互理解、尊敬）

の三つの実現が必要と言われる。よいストーリー、「活き活きとしたストーリー」には、この三つを呼び起こすチカラがあるんだ。

志や想いがあって、それを実現すべくメンバーを巻き込んで日々自ら動き、その遂行力や一貫性から自然と信頼を獲得している。そんな人達が、成功する経営者やリーダーとなっていく。

21世紀型のプロフェッショナル経営者が基礎力として身に付けている「ストーリー設計力」「活き活きとしたストーリーを語る力」。

ぜひ、係長・主任デビューした君も、そんな力を身に付けていってほしい。

係長・主任のルール
07

常にチーム目標の「決着」を目指す

「信頼」の話が出たところで、「信頼性」の話もしておきたい。

リーダーデビューした係長・主任の君が獲得しなければいけない最初のものこそ、周囲からの「信頼」だ。チームメンバーからの信頼、上司からの信頼、もちろん社外の顧客やパートナー、あるいは会社の他部署からの信頼も欠かせない。

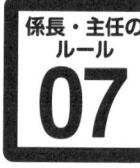

人はどのような相手を信頼するのだろうか。僕も数多ある理論を学んで以下に集約した。

「信頼性」＝「能力／手腕」：スキル、経験・実績、資格、〝できる人〟
×「人格／人間性」：人徳、ＥＱ力、志・意図、一貫性、〝できた人〟

仕事上での力量・実績は、あたりまえだが欠かせない。「できる」人であることは仕事の結果を出してくれる期待値の最大の担保である。しかし、仕事は一人だけではできない。共に働く上で、人間性は欠かせない。「できる」だけの人には、人はついてこない。人間性だけでも問題だ。いくら「できた」よい人だって、仕事上では結果が出せなければ、困った人だ。

結局、「能力」と「人間性」は両輪いずれも欠かせない。〝伝説の外資トップ〟新将命さんは、「**できる・できた人**」が、信頼されるリーダーの絶対条件だと言う。

「できる・できた人」だからといって、必ず仕事がすべて順調にいくなんていうことはありえない。そんなとき、君は、何を目指せばよいのだろう。

まず、目指したいのは、目の前のチーム目標、チーム課題の「決着」だ。「ステップごとの納期」を、まずはしっかりとクリアしていくこと。毎回100点以上とは限らない。それでもよい。大事なのは、「ステップごとの納期」ハードルをしっかりとクリアして、次のステージに踏み出し続けるチーム活動の推進だ。

常に前へ前へ、継続的に業務を推進していってくれるリーダーに、周囲は一貫性に基づく安心感を覚え、それが安定的な信頼へとつながっていく。

ときに70点、80点に終わったとしても、その結果をしっかりと反省した上で、すみやかに「次、行ってみよう!」と朗らかに言える「決着力」のあるリーダーを信頼し、頼るのだ。

係長・主任のルール

08

「頼られる」ばかりより、「頼る」リーダーがよい

「できる・できた」人がリーダーの絶対条件などというと、常に好業績で人格者の、完璧で隙のない上司像をイメージされるかもしれない。しかし、デキる経営者やリーダーの人達は、皆さん、とても愛嬌者だ。一見「トホホ」キャラのような方すらいらっしゃる（笑）。もちろん、緊急場面や重要局面では、自身が強力なリーダーシップを発揮できなければいけない。でも実は、平素から周囲をピリピリさせるようなタイプに大物経営者は皆無だ。

僕のエピソードで恐縮だが、前職時代、創業4年目で10名強のこぢんまりとしたリクルートグループの子会社に参画したが、そこから約4年で体制も事業規模も6倍に成長して、各部門の業務も多忙になっていった。兼務で責任者を務めていた企画管理部門は社外・社内にいろいろ仕掛けを走らせていて、メンバー全員がかなりのマルチタスクをこなしてくれていた。僕自身、営業&コンサルティング部門の半分を直下にもちながら、企画管理業務一式を担う組織の責任者でもあり、その中のプレイング要素も多く抱えている状態だった。

ただ、兼ねてから任せ上手を自認していて、その当時も、メンバーそれぞれに、大変だがかなりのやりがいをもって仕事をしてもらっている手応えがあった。

そんなある日、とはいえ、さらに増大する業務に僕もメンバーもあふれかえる中、僕の秘書業務も兼務してくれていたスタッフが言った。「井上さん、○○の件は、私、やりますよ」。彼女も相当な業務を抱えていて頑張ってくれていることから、「いや、いいよ。それは俺がやるから」と、僕としては彼女を慮って断った。すると、彼女は、「ふーん、じゃあ、いいですよ。井上さんやってくださいよ。どうせあたしなんか、頼りにされてないんだから」と怒りモードに突入した。

彼女とすれば、自分はもっとできるし、大変そうな上司を助けようとしているのに、信頼して頼ってくれない、ということだった。気を遣って業務を手元に抱えて部下から怒られ、信頼を損ねるなんて、何て割に合わない！　もっと甘えて、頼って、感謝すれば、そのほうが逆に部下から喜ばれ信頼されるんだということを知ったときだった。

平時は、上司は部下から、「○○さんも自分達がいないと、何にもできないんだから～」と言われているくらいがちょうどよい。**「ありがとなー、いや君達がいないとほんとダメだよ。助かるよ！」という、「頼るリーダー」のほうが良好な関係になる**のが真実である。

係長・主任のルール

09

「プレイングマネジャー」より「プロジェクトマネジャー」

係長・主任は大変だ。自分の個人目標はそのままあるし、それが課の中でも一番大きな数字になっていることが多いだろう。

それに加えて、数名の後輩の育成役に任命される。上司の参謀、相談役という顔もある。最近では、課長職でも昔のように部下の管理に特化することなく、自身もプレイヤーとしての役割を負う「プレイングマネジャー」が増えている。それを象徴して、この数年、プレイングマネジャーに関するビジネス書も続々と発刊されている。業務量と限られた時間に悩むプレイングマネジャーに対して、「プレイヤー」と「マネジャー」の二つの顔をどうやって器用に切り分け、時間配分し、乗り切るかを説くものが多いようだ。

一方、僕がエグゼクティブサーチ事業で幹部・経営者の方々の採用・転職を支援しながら見ていると、身に付けておきたいスタンスが少し異なっているように感じる。

「プレイングマネジャー」＝「プレイヤー」＋「マネジャー」というよりも、「プロジェクトマネジャー」。つまり**「リーダー」×「プレイヤー」**というほうが現実の解に近く、また、将来、課長、部長、役員、社長へと昇っていく際に役立つ姿なのだ。

大きな時代の流れとしても、昔のように内部に固定化した体制をまる抱えするのではなく、社外のパートナーを活用したり、アウトソースして自社の仕事を遂行することがとても多くなっている。皆さんの職場、事業部門もそうではないだろうか。また、時代のスピードも加速度的に増しているので、固定的な組織で1年2年過ごすということもどんどん減っていて、つどつど、社内にプロジェクトが編成されてあるテーマに取り組み、それが終われば解散し、というようにそのときに必要なプロジェクトがまた立ち上がりチームが組まれる。

その中でリーダー達は、役割に応じたプロジェクトのリーダー、マネジャーとして社内外、部門を横断した組織を率いて成果を上げることが求められている。

自分の仕事管理＋他のメンバーの仕事管理、という並列ではなく、**プロジェクトチームとしての仕事管理、その中の自分の役割と他のメンバーの役割の配分と遂行のリーダーシップが取れる**ようなスタイルのほうが、係長・主任の君にとって効果的かつ将来、より大きな仕事を率いることのできるリーダーシップ力につながる。

係長・主任のルール
10

「幹部への最終選抜」にエントリーしたという意識も大事に

キホンの話の最後に、ちょっとだけ、君の危機感を煽っておこうと思う（笑）。

一般的な会社では、初めて社員に与えられる役職が「係長・主任」職だ。

考えてみると、係長・主任職は、ちょっと不思議な役職だ。

一般職のアガリで、その先は管理職。監督側の役割が一部任されるけど、管理職未満……この、会社員人生の最初の階段に置かれるのが、係長・主任であり、その後の長い社会人人生において、「管理職・経営職として活躍してくれる人材かどうか」を会社が見極める選抜期間に組み込まれたという、実はとても重要な局面に置かれたステップなんだ！

これからの数年間の過ごし方、働き方が、君の仕事人生のすべてを決定付けるといって過言ではない。今回の係長・主任時代という「選抜期間」中には、働き方のギアチェンジが求められる。

言われたことをやる社員から、考えて指示を出す側の社員になれるかどうか。それを会社はじっと見ているのだ。

教えられる側から教える側に。組織として稼いでくれる側に。

その川を渡ることができれば、そのあと、課長・部長・役員といった、会社を率いる役職への抜擢が始まる。その席数は、残念ながら、組織の宿命として限られている。

だから、会社は必ずしもこの「選抜期間」中であることを、係長・主任となった君に明確には伝えないかもしれない。なぜなら、全員をこの川の向こう側に渡らせてあげられるわけではないから。意地悪しているのではなく、確約できないので、過剰な期待をさせるのは申し訳ないと思っているんだ。


いまは草食系ともいわれ、ワークライフバランス重視などの風潮から、「課長や部長になんてならなくてもよい」という人も増えている。生き方は自己選択なので個人の自由だろう。しかし、肩書きの種類は別として、組織を率いることができない会社人には、今後、年齢を追うごとに厳しい現実が待っている。いまがそこそこよいから、ということに甘んじて将来を閉ざすことのないよう、この「選抜期間中」であるという意識を上げて、ちょっとだけシビアにリーダーとしての任務に取り組んでみてほしい。

2章

いま活躍する経営トップが係長・主任時代にやっていたこと

係長・主任のルール

11

成功するトップは皆「いつ、係長・主任を卒業するか」の目標を決めていた

係長・主任となった君が、まず最初に取り組むべきことは？　それは、「いつ、係長・主任を卒業するか」についての目標を設定することだ。

「えっ、まだ着任したばかりですよ？」。そう。だからこそ、漫然とリーダーの道を歩みだすのではなく、その先を見定め歩きだすことで、〝ひと味違う〟リーダーとなってほしいんだ。

トップとして活躍するに至った方々は、30歳前後の係長・主任クラスのときに、将来に向けて舵を切るきっかけや決断をしている。

元・マイクロソフト日本法人社長の成毛眞さんが設立したインスパイアの社長を努める高槻亮輔さんは30歳前の興銀マン時代に3行統合直後の同行の状況から、もっともハードに働きたい30～40代のことを推定して、その後のキャリア展開を考えたそうだ。

元・日本コカコーラ会長の魚谷雅彦さんは、ライオンのプロダクトマネジャーとして活躍していた30代前半、奥様から「留学から帰ってきた頃の意気揚々としていた勢いはどこに？

最近何か丸くなっちゃって」と言われた一言が胸に突き刺さり、このままでいいのかと潜在的に思っていたご自身に喝を入れ、その後のキャリア展開を図られたとのこと。

ライブドア事件の際に堀江貴文氏の辞任を受けて同社社長に就任した平松庚三さんは、30代半ばのソニー課長時代、将来を考えた結果、転職を決意されている。

「ソニーの何万人、世界で何十万人の中でスタメンになるのにはどうしたらよいかと思ったときに、当時のことを野球に例えれば、ライトがイチロー、センターが松井、レフトがラミレスという感じで（笑）。私も自信はあったけれど、こいつらとやるのか、と。皆、係長・課長クラスでしたが、すごい人達ばかり。この人達にはガチンコでやったらかなわないな、と。そういうときにスカウトが来てアメックスに行くことを決めました。ソニーにいたままであれば、活躍できても平取か部長か事業部長くらいだな、と思ったんです」

皆さん、30代の係長・主任時代にご自身の大きな方向付けをしているのが、興味深い。もちろん、細かい職歴までがその当時に描いたままというわけではなく、そのあと、ご本人が思ってもみないご縁や転機を経て、それぞれの立場に辿り着いている。ただし、**「山に登る」ということは、皆さん等しく、この頃に決めておられる。**

さて、係長・主任となった君は、どんな山を目指すだろうか？

係長・主任のルール
12

成功するトップは皆、自分を動機付ける&「鍛錬マニア」

成功しているトップの皆さんは、**「自分を仕向ける力」**に優れている。そして、**何事も徹底的に究める。**鍛錬マニア、と言っていいんじゃないかと思う。

ドクターシーラボ社長就任後、4年で売上30倍にし上場を果たした池本克之さんは、現在、マーケティングコンサルタントとして活躍中だが、毎年ウルトラマラソン（100キロマラソン）を走破するランナーとしても有名だ。もともと体育会出身者だが、一時期90キロだった体重を1年で60キロまで絞られ、その後ずっとスリムな体をキープしている。

前出の新将命さんは、大学時代から62歳まではボディビル。それ以降は1日40分歩き、腕立て伏せを毎日200回！　歩く際には、携帯プレーヤーで英語の勉強をしながらの一石二鳥。週に5冊の本を買い、就寝時にも英語のニュースCDなどを聞きながら眠るそうだ。「見ていると経営者は時間との付き合いがうまい。ネガティブに言えば時間に対してケチです。無駄な時間は使いたくないのですね」と新さんはおっしゃる。

ライフネット生命社長の出口治明さんは無類の旅の達人で歴史書などの読書家だ。いつもその博覧強記ぶりと独自の鋭いものの見方には敬服させられる。

グーグル日本法人の社長・会長を務めた村上憲郎さんは、以前、ある打ち合わせの際にこんな話をしてくださった。

「とにかく森羅万象を知り尽くしたいという欲求があるんです。会社に入れば、〝会社って何?〟とか思うわけです（笑）。そのときにわからないと思ったら薄い本で調べて、大づかみにこれはどういうことだというのを必ず手に入れていくのが僕の特技で、いまだにやっています。知らないことがあったら必ず調べて、話題になっていることはだいたいわかるようにしていますね。これをやるのとやらないのとでは、1日1項目として1年365項目、10年経つと3650項目ほど違ってくるんです。これくらい経つと差が出ますよね。仕事に関することに限りません。細部にこだわらず、〝大枠、つまりはこういうことだな〟という大きな枠組みさえ手に入れていれば、これはこの辺りの話で、世界のどの辺りに関係のある話だなというのがわかります。これを私は〝知の枠組み〟という意味で『フレーム・オブ・リファレンス（frame of reference）』と呼んでいます」

係長・主任の君は、どんなことで自分を究め尽くしているだろう、そして、いくだろう?

係長・主任のルール

13

成功するトップは皆、学びへの投資癖があった

成功しているトップの皆さんは、係長・主任時代から相当な「学び」への投資癖があり、その投資をいずれ花開かせている。これも僕がこれまで有名・無名を問わず数千名お会いしてきた限りにおいて、成功されている方々全員の共通項だ。

過去6社の企業を社長としてV字回復させた山田修さんは、現役時代の30歳前後のマネジャー時代に始まり37歳に初めて社長に就任して以降6社の再建請け負い社長として活躍しながら学校に通い続けた方だ。英語学校、国内・海外のMBA、その時々に関わった事業の専門知識を得るために電子専門学校や証券投資学校、貿易関連のスクールなどにも通学していたというのだから恐れ入る。

「合理主義者なので、**限られた時間の中で楽をして、なおかつ誰にも負けないパフォーマンスを出したいというのが原動力**でした。終業後に学校に行っていることを誰にも言っていなかったので、当然、周囲からは付き合いが悪いと思われていました。でも、周囲が何と言お

うと自己流で構わないと、自分なりの時間配分で好きなやり方を貫くことができました」と、山田さんは話す。

なぜ、それを貫けたのだろう？

「勉強したいという単純な欲求です。**ビジネスをやっているからには、うまくいくための構造を理解したい**。ポジションによっていろいろと必要なスキルがあります。スキルはツールですが、武器がたくさんあったほうが強くなって効率的に仕事ができる、という考えからです」

山田さんは若い頃から多読家だが、通学型で究めたタイプとして特徴的だ。

「学校はインタラクティブにやるところにおもしろみがあります。本からは断片的な知識は得られますが、おもしろいのは先生との対話です。よく質問をするので、大学生のときから履修すると先生が喜んでくれていたようです。教える立場に立つと、一方通行がつまらないことがよくわかりました。学校に行くのは人生の中でレジャーのようなものです。ずっとテニススクールや、ジム、プールにも行っていましたが、根っこは同じです」

山田さんには、リーダー、マネジャーとしての〝働きながら学び続ける〟姿勢と大切さを常に教えていただいている。

係長・主任のルール
14

成功するトップは皆、学びの目標と計画を立てている

成功しているトップの皆さんは、係長・主任時代から相当な「学び」への投資癖がある。かれらはそれを、どんなきっかけでスタートさせ、計画したのだろう?

ドクターシーラボ、ネットプライス2社を社長として上場に導いた池本克之さんに、計画性が出てきたのは、保険会社に転職した30歳の頃からだったという。

「30歳のときに転職して、そこでいろんなことを覚えて計画が大切だということがわかってきて、32歳のときに25年間の人生の計画というのを、作りました。当時の仕事は代理店さんに取り扱い保険を売っていただくことで、代理店に計画を立てさせるプログラムを学んで指導していくわけなんです。

そうしたときに、ちょっと待てと。人に言うのはいいけど、自分はどうなんだと思ったわけです。そこで会社の研修プログラムとは全く別に25年の人生計画を立てたんです。〝ビジネス書はこういうものを週に1冊読む〟〝こういうセミナーにこうやって行く〟〝次の1年間こ

ういうものを学んでいく〟というのを初めて作ったんですね。そして、何を最終的に手に入れたいか。お金一つとっても、いくらほしいのかというのが、当時、自分になかったんです。**決めてもいないのに手に入るわけがない**と、そう当時の会社からも教えられましたから、手に入れたい物欲、金銭欲、地位、名誉、知識、ことこまかに決めたんですね」

元・ライブドア社長の平松庚三さんは、こうおっしゃる。

「自分は現場でのOJTで学んできたタイプですが、それが鍛錬だという意識が大事なんじゃないかと思いますね。自分はこの部分が弱かったけれど半年経ってどうなんだろう、と振り返ることが重要です。アメックス時代に、査定考課で正しく自己評価することを鍛えられました。後は数字ですね。ビジネスは数字です。全ては数字で判断します。人事だって数値化するんですよ。人事はサービス部門だから社員を顧客と見立てて、顧客満足を指標にしたりしていました」

皆さん、**30代でキャリアの目標を決め、そこに到達するために、学びの具体的な計画やチェックを書き出す**などしているのが共通点だ。

係長・主任の君も、将来の目標のために今日から取り組むことを、書き出してみないか。

係長・主任のルール 15

成功するトップは皆、学びを前倒しで収穫してきた

「学び」への投資癖は、では、どのように〝収穫〟されているのだろうか?

32歳のときに45歳で社長になるという目標を設定して、そのための学びに邁進した新将命さん。

「32歳で私が作った目標は、45歳までには（この会社かどうかは別にして）社長になろう、コカ・コーラでは3年以内にマーケティングに関してはナンバーワンのベテランになろうというものでした。マーケティングに強い会社だったので、この会社でマーケティングのナンバーワンになれれば、もしかしたら日本一のマーケティングマンになれるのではないかと。そのためにはどういう人と会ったらよいか、どういう本を読んだらよいか、どういうセミナーに行ったらよいかを考えました。評価は人がするものなので実際にはわかりませんが、3年の間にかなり力がついたなという実感はあります。3年は中期、45歳までというのは長期、そんな目標を立てました。いつも手帳の最後に『今年の7大目標』とか書いてね。目標の数

としては5か7かその間です」

新さんは、目標通り、45歳でジョンソン・エンド・ジョンソン社の日本法人社長に就任した。その後、フィリップス社など数社の外資トップを努め、現在は企業アドバイザーや講演活動で精力的に活躍中だ。

池本克之さんは、先の通り25年計画書を作ったら、そのあと、急展開があったそうだ。

「25年計画書で手に入れたいものを決めてからそれが全て手に入るまで約2年。34歳のときに、〝計画を立てる効果をみんなが言ったり研修で教わったりしたのはそういうことか〟とわかったんです。なぜかというと、ドクターシーラボが上場したときにお金が入ってきましたから。ある日突然自分が25年計画で手に入れたいと思っていた金額とほぼ同じ額が振り込まれたんですよ。びっくりしましたね。〝象を食べるにも一口から〟。切って切ってちゃんと一口ずつ消化していくと、最終的には大きな塊の象も食べられるんだと腹に落ちました」

目標をもち、しっかりと行動し続けた結果、本人達が思っていたよりも大きなものや前倒しで仕事の成果やポジションがもたらされていることがおわかりいただけただろうか。

係長・主任の君の今日の一歩の努力は、いまの君の想像を遥かに超えたところまで、連れていってくれるに違いない。

係長・主任のルール
16

成功するトップは皆、楽しみながらのめり込む！

成功しているトップの皆さんは、〝ブーム・メーカー〟だ。その時々にマイ・ブームをもっていて、のめり込みがすごいし、それをとても楽しそうに話される。

これまで僕自身がそんな経営者の方々からオススメされたものはといえば、パーソナルトレーニング、ウルトラマラソン、トライアスロン、加圧トレーニング、断食道場、座禅、ヨガ、岩盤浴、ゲルマニウム温泉。その他、リゾートエリア、ちょっとスピリチュアルなもの、もちろん各種の美味しいお店などなど。

いずれにしても、こちらが圧倒されるくらい、ご自身が盛り上がっているリーダーが多い。仕事のプロジェクトにしても、同様だ。「今度、こんなこと始めるんだよ。すごいことになるよー！」

それは実は、**自分自身の感情を自分で盛り上げている**、つまりよい意味で「自分をだましている」部分もあると思う。「この仕事はね、メチャクチャおもしろいよ！」「これはすごいことになる！」という自己暗示だ。

ネット広告大手のオプト社、取締役会長の海老根智仁さんから、創業期の同社に参画して早々、代表取締役COOに指名されたときの、こんなエピソードをうかがったことがある。

2001年の1月に代表取締役COOになった海老根さんは、当時約3億円の売上を5倍に伸ばすと宣言。その成長戦略の肝は、それまでファクス事業と不動産ビジネスがメインだった同社を、新規事業のインターネット広告代理店に業態転換させることだった。当然、業態変革について社員の皆さんは半信半疑。それを海老根さんは、メンバーが自信をもつことが重要なので、営業に同行して「あなたは、ここを取れるでしょう」と励ましたり、「取れましたよ」という社員がいれば、「すごいね」とほめてあげる。「あ、これならできるんじゃない」と思ってくれるように演出をしたそうだ。

「当初は半信半疑でしたけど、期の途中からは達成ペースで伸びていって、だんだん『これっていけるんじゃない』とみんなが思うようになったんです。社内はノリにノリましたね。社長が社員の変化を感じ取って、そこで一気にいくことの大切さを知りました」

係長・主任の君は、**趣味も仕事も自らのめり込み、周囲の人達を巻き込んで「これ、おもしろいよ！」「いけるじゃないか！」のオーラ**を振りまこう！

係長・主任のルール
17

「自然な流れ・つらなり」をもち動くべきときに動く・挑戦する

シーメンス・ジャパンの織畠潤一社長に過日、当社主催のトークライブに出演いただいた。MIT、リクルート、マッキンゼー、GEを経由し2社の外資トップを務めているものすごい経歴のもち主だ。

場を多く移されている織畠さんだが、いわゆる「ジョブ・ホッパー」とはまったく異なる。それぞれ6年前後という、一つの大きな職務ミッションを完遂されるに充分な在籍期間をとり、実績を出していることもそうだし、何よりも、織畠さんのキャリアの変遷にはとても「自然な流れ・つらなり」が、現在に至るまで一貫して見られる。

ご本人は、先にゴール・目標を設定されて動くタイプではなく、その時々の中で目の前の役割を高いレベルで遂行し、その先に見えてきた次のステップに身を移しているだけ、と語る。いわゆる「展開型」のキャリアタイプだ。この自然な流れが、プロ経営者としての織畠さんを今日に導いた。

日本マクドナルド会長・社長・CEOの原田泳幸さんも、以前お話をうかがったときに、「キャリアっていうものは、計画して方針を決めてやってもうまくいくものではない。人生は巡り会いだし、日々一生懸命やっていれば周りが育ててくれるという世の中なんだというのが、この歳になって初めてわかる」とおっしゃっていた。

キャリアの「自然な流れ・つらなり」が形成されるには、以下のようなことが必要だ。

・まず、**目の前の職務を徹底的に完遂する**
・そこから出てきた**挑戦テーマに挑む**
・挑戦テーマに挑むために、**1次元、2次元高い場を求め、動く**
・そこでまた、目の前の職務を徹底的に完遂する
……このサイクル**を繰り返す**

「その時々の自分自身の身の置き所こそが、何よりの自己投資」「1に成長、2に成長。企業の成長は、人の成長なくして成しえない」「自分は負けず嫌いなんだと思う」といった織畠さんのフレーズが、このキャリアサイクルを下支えしているように感じた。

ただ流されるのではなく、成長を志向し、「動くべきときに動く・挑戦する」ことの大切さを係長・主任の君も考えていこう。

3章

プレイヤー兼指導者の必勝コミュニケーション術

係長・主任のルール
18

まず自分が仕事にのめり込め。はまってみろ

リーダーの基準が、組織全体の基準を決める。つまりこれからは、君の基準がチームの基準となる。それは課や部、部門へと波及していく。

リーダーの君は、「ドミノの先頭」を倒しにいこう。ドミノの先頭の駒を倒したら、「ああ、やってしまった！」と思っても後の祭り。パタパタと全部倒れてしまう。これ、悪いことなら困るけど、もし、いい展開の先頭駒をつついたとしたら？　嫌でもうまくいくということだよね。**できるリーダーとは、「よいドミノ倒しの先頭駒を、ちょん、と押す」役**を努める人じゃないだろうか。

職場におけるリーダーが倒すべき「ドミノの先頭」は、何よりもまず、「やる気」「挑戦」のスイッチだ。トム・ピーターズは、こう言い切る。「他人を〝やる気にさせる〟にはどうするか？　ビジネススクールでリーダーシップを学ぶ？　ノー！　正解はまず、自分を〝やる気にさせる〟ことだ。どんな手段を使ってもいい。とにかく〝自分の〟やる気をだそう」（『エ

クセレントな仕事人になれ！』阪急コミュニケーションズ）。賛成！　グーグル共同創業者のラリー・ペイジは、講演でこんなメッセージを聴衆に送った。「できないことなどないと呑んでかかることで、決まりきった枠からはみ出よう」。「常に震源地たれ」とは、僕が新卒で入社した当時、リクルートの常務だった生嶋誠士郎さんが語った社内の名フレーズだった。

スイッチが入った感じって、すごく楽しい。楽しんでいる人と一緒に働いていると、自分も楽しくなるよね。わざわざみんなで不機嫌になる必要なんてない。

業績が低迷している会社に頻繁に出現するのが、「わかったふうのさめた管理職」だ。「社長もよくやるよねぇ」「（若手の）○○くんもまあ、上に認められようと頑張っちゃって」。しらっとこんなことを言ってまわる上司がもしいたら、即刻、無視しよう。こんな無能上司に巻き込まれて、大切な君のチームの温度を下げないように！

最近、僕が感じているのは、経験やスキルももちろんだけれど、その役割、ポジション、事業に賭ける当人の本質的な情熱や想いの差だ。

勝ち残るチームであるためには、いかに**自分自身が、また共に働く仲間達が、寝食を忘れるくらいに自身の職務、サービス、事業にのめり込んで日々活動できるか**にかかっているのは間違いない。「好きこそ物の上手なれ」だけでは足りない。楽しんだ者が勝ち！だ。

係長・主任のルール
19

「言い出しっぺ」ポジションを常にキープせよ！

繰り返すような話になるけど、係長・主任の君はチームのエンジン、駆動力になろう。僕はこれをつねづね〝指とま〟と言っている。「この指、とまれ！」だ。

「スッキリと物事を前に進めるための方法」「スッキリと物事を前に進めてくれるリーダー、経営陣」がほしい！　どの企業も、どの経営者も、切実にそう思っている。だから、係長・主任の君は、**すっとその指を掲げて、「あの山をみんなで目指そう！」と言う**のだ。

キーワードは「**前進感**」。前へ前へと展開していく状況を生み出すチカラだ。

係長・主任になった君は、今日から、「有言実行」を目指そう。

メンバー時代は「不言実行」。つべこべ言わず、自身の責任や目標を遂行、達成するのがよかった。しかし、リーダーとなったからには、自分だけに誓って達成しても、不十分だ。周囲を巻き込むためには、「有言」は欠かせない。宣言、言い出しがあるから、チームに勢いがつくんだ。躊躇しない。どんどん口にしよう、「次はあれやろう！」と。

どう口にするかについても触れておきたい。

「お客様に愛されよう！」「いつもパートナーとして信頼されよう！」

目指したい状態としては素晴らしい。しかし、もうヒトコエほしい。

「リピート率を70％以上にキープしよう！」「ユーザー満足度調査のスコアを4・5ポイント以上にしよう！」

事実情報として計測できるかけ声になっているかどうか、ぜひチェックしよう。

「メリハリ付けて働こう」よりも「週に2回は定時退社しよう」「半年に2日は有給休暇を取ろう」。

「早期達成しよう」よりも「最終月の15日までには、今期目標100％を超えよう」。

漠然としたイメージ、人によって受け取り方の異なる目標やスローガンが、**具体的で誰でも等しく計測可能なものに翻訳変換されたとたんに、チームメンバー一同に、その目指すべき山の姿がくっきりと立ち現れてくる。**

係長・主任の君は、有言実行で、誰もが計測できる事実目標を掲げ、まず、自分が言い出しっぺになって走りだそう。その目標に君の想いが込められている限り、メンバーや関係者は自ずとついてきてくれるから、何も心配はいらない。

係長・主任のルール

20

上司の言葉はそのまま伝えるな

君は、上司の言葉をそのまま伝えるようなリーダーになってはいけない。自分の解釈を常に入れることだ。腑に落ちていない言葉は絶対にメンバーには伝わらない。「上司が言ってるからさ、やんなきゃしょうがないよな」「俺は納得してないけど、会社が言ってるから、やってくれ」。これはリーダーが発する最悪の言葉だ。リーダーとして、たとえ会社から、上司からの命令であっても、自らのものとして受け止め、「決断」し、メンバーに伝えるんだ。

では「軽く見られる決断」と「ズシンと相手の心に響く決断」の差は、いったいどこから来るのだろう?

係長・主任の君にとって今後、意思決定スピードは、とても重要なことになってくる。日々、メンバーから、「これ、どうしましょう?」「あれはB案でよいでしょうか」と相談が投げかけられる。君には、それをいかに次から次へと回答し、決断していけるかが問われる。

「スピードを上げる」というと、即断即決ということで、とにかく早く決めることをイメージしがちだ。しかし、およそ考え尽くされていない決断ほど「軽い」ものはない。

同じ結論を言われても、なんとなくぱっと思い当たっただけの人が言うことと、それまでに実はいろいろと思案し尽くされていたり過去の成功失敗体験が乗った人が言うのとではその言葉の重さが天と地ほどに異なるものだ。

また「相手の意見、アイデアなどをどれくらい聞いた上での決断か」も重要だ。経営者やリーダーがよく陥る罠の一つに、「実は相談者は、自分が思っている以上に情報や仮説的な答えをもっている」というものがある。よくよく聞けば、こちらが解答例を出す前に、同じ意見や案をすでに相談してきた部下がもっている。それを聞かずに、大上段に「それはなぁ、お前、こうだよ！」などと得意げにやっていると、部下は「ありがとうございます」と言いつつ、(何だ、そんな程度の案なら、俺だってとうに考えているよ。それでもうまくいかないから相談しているのに) などと内心で鼻白んでいるものだ。

君も、〝即断〟に酔う前に、そのことについて**自分はそもそもどれくらいの情報と経験をもち、これまでに対処した「打席数」があったか**どうかと、**目の前の相談者自身は一体、どのような意見や案をもっているのかをしっかり聞くこと**を忘れずに。この2点徹底で、相手にとってのリーダーである君の意思決定の「重さ」は、見違えるように変わるだろう。

係長・主任のルール 21

チーム・自分に求められる役割、価値観をしっかりわからせよう

「会社は売れ売れとばかり言って、本当にお客様のためになるサービスや商品を提供しようとしていない」そんなふうに会社批判をする若手や幹部が、非常に多い。係長・主任の君は、**ビジネスの本質的な意味、意義を理解し、それをメンバーに伝えていきたい。**売上とは、自社・自身が〝よいメッセージを発信〟＝よいサービス・商品を提供できた結果なんだ。

僕が前職でコンサルティング営業部門の責任者を務めていたときのこと。メンバーを外部から中途採用しながら組織拡大を図っていた。それなりの経験者採用を軸としつつ、走りながら業務習得しコンサルタントとして独り立ちしてもらう必要があった。入社すぐというわけにはいかないものの、半年ほどでまずは一人前になってもらうプランを導入していた。

そんな頃、ちょうど入社半年を迎えたメンバーのI君に、営業同行の帰り道、相談された。

「井上さん、うちは売れ売れとばかりいいますが、もっと顧客基盤を作ることに投資して、売るのはその後にすべきではないでしょうか。僕はもっとお客様のために、売ること以前にい

ろいろお役に立つことをやりたいです」

一見ごもっとも。「売る」ことじゃなくて、「お客様のためになること」を。僕は言った。

「I君、では、僕らがいまお客様のためになることとして提供できることは、何だろうね?」

その会社は企業の幹部層の採用・転職を支援する事業をおこなっていた。つまり、お客様は二つあって、幹部を採用したいという企業と、幹部クラスの方で転職したいと考えている人。「お客様のためになることとは、企業の幹部採用を成功させてあげることと、転職したい幹部の方々の転職を成功させてあげることだよね?　それが成功するとどうなるだろう。僕らは人材紹介を成功報酬で請け負っている。つまり、それぞれのお客様のためになると、結果、売上が上がる。そのご紹介をより多く提供できると、より多くの売上が上がる。売上が先ではなくて、お客様が求めるサービス=人材紹介をより多く提供すると、必然的に、より多くの売上が上がることになっている。お客様のお役に立てているかどうか、より多くのお客様のためになっているのかどうかは、どれくらいご紹介実績が出ていて、結果、その売上がどれくらい積み上っているかどうかを見れば、一目瞭然だよね」

そのあとI君は、仕事のとらえ方が変わり、「文句言い」キャラクターから、よいご紹介の仕方にこだわるメンバーとなって、社内の表彰なども受けるまでに育ってくれた。

係長・主任のルール
22
上司にも部下にも本気で怒る

本気の人には勝てない。

若手の頃、某部署にて隣の課の課長だった方が、役員に向かって真剣に激怒していた。「こんな対応をうちがやっていて、社外の関係者はどう思うと思ってるんですか!」。

おお、恐れ多くも、役員に向かって、そんなこと言ってしまっていいのか……?　確かに、その課長の言っていたことは正しかった。会社の判断、対応は、主要取引先のことを慮ってやや日和った対応をおこなっていた。役員は詰め寄られてうっ、と顔を赤らめた。ああ、とんでもないことになるぞー。「うるさい!」「クビだ!」的な怒声を想像しながら様子を見ていた僕らの耳に飛び込んできたのは、しかし、ぐっと飲み込み、「わかった。たしかにキミのいう通りだ……　対応をもう一度考えよう」という言葉だった。

課長は、本筋を見てブレることはなかった。その筋をしっかりと経営に対しても通した。前提としては、その課長はその役員のことを平素信頼し、よい関係を築いていたということも見逃してはならない。愛ある正義は勝つのだ。そんなことを、そのときに学んだ。

やってはいけないこと、ねじ曲がったことについては、明確に、言葉に出して怒ろう。ただし怒鳴り散らしたり、クドクドと何十分も何時間も継続するような怒り方は絶対に禁物。失態については、言い訳をさせないだけでよい。継続的な叱りなどは、まったく意味がない。というか、効果なくして相手の負の感情を買うだけだ。

繰り返し遅刻するメンバーなら、遅刻した理由を聞く必要はない。電車の事故、家のトラブル。彼・彼女には、毎日、続々と遅刻せざるをえない事態が発生する。それらが嘘だとは思わない。しかし。それだけ毎日毎日、トラブルが起こって、たとえば常に10分、15分遅刻するなら、その分10分、15分早く家を出ればよい。それだけだ。**仕事としての基本と、守るべきことについて、妥協はリーダーとして絶対に禁物**だ。

係長・主任の君は、**現場の代表者。あるべき理想を遠慮なく上司にぶつけよう**。上司批判ではない。まずい状態、問題と思われる事実に対して、本気で怒るんだ。

正々堂々と怒れることは、周囲から認められるための最初の一歩。「アイツには、いい加減なことはできない」と上司に思われて初めて、一人前の部下かつリーダーだ。

遠慮せず、明確に、自分の考えや意見を述べる。そして最後に、ニコッ、を忘れずに。

係長・主任のルール
23

メンバーに期待しすぎない

係長・主任になった君は、初めてもつチームを、誰にも負けないよいチームにしようと、気合い充分だと思う。チームメンバーに、やるぞ!と巻きを入れているのではないだろうか。

そんな君の出ばなをくじくわけではないが、初動で一つ、アドバイスしたい。

それは、「メンバーに期待しすぎない」ことだ。「期待しない」わけではない。期待は大いにするのだが、「しすぎ」に気を付けてほしいのだ。

期待すると頭にくる。「何でできないんだ、やってくれないんだ」と、上限を基準にしてしまうとアラやミスばかりが目立ってイライラするようになる。

自分もメンバーも完璧ではない。できなかったときに「何でできないんだ!」ではなく、できたときに「おお、できたじゃないか!」。このスタンスでいこう。

そして、「理」と「情」のバランスを絶妙にとろう。係長・主任として、チームの役割や目標を合理的に説明できて、その遂行度合いを評価し、メンバーにフィードバックできることは必要条件だ。でも、きっとそれだけでは、メンバーは本気で動かない。リーダー自身の本気、やる気、さらにはメンバーへの期待、信頼、依頼、感謝。ときには、「頼むよ、やってみようよ！」という泣き落としだって必要なことがある。

齋藤孝さんの『「意識の量」を増やせ！』（光文社）という本を興味深く読んだ。「意識量不足」について、こんな記述が出てくる。

「自分のことにいっぱいいっぱいで、まわりの人達や、まわりで進行していることがらに『意識』を配ることができない。自分がいま、何をするべきなのか、瞬間瞬間で意識が途絶えてしまい、その場に合わせた適切な言動ができない。」

つまり、ここで齋藤孝さんが語っているのは、「外界に対する意識の向け方」。自分自身に対してではなく、他者に対しての意識、興味関心、観察力をもとう。

「残念な人」「上から目線」という言葉を最近よく聞くけど、それだけ気働きのできない人や場を読めない人、エゴイスティックな人が増えていることを象徴しているのだろう。

メンバーの状況に気を配り、前提として期待しすぎず、できたことを「絶対加点評価」でほめてあげよう。これはメンバーを育て、前向きで成長志向の組織を作り、それ以上に、君の精神状態を健全な状態に保ってくれるコツでもあるんだ。

係長・主任のルール
24

基本ルールだけは命をかけても守り、徹底する

吉田松陰はこう言った。

「一に曰く実《じつ》なり。二に曰く一《いつ》なり。三に曰く久《きゅう》なり」（一には、実際に役に立つことをおこなうことである。二には、それだけを専一におこなうことである。三には、ずっとおこなうことである）

正しいこと、役に立つことを、ただひたすら、ずっとやる。

僕らが言うと、何をあたりまえのことを、と思われてしまうけど、吉田松陰が言えば、含蓄深く胸に染み込む。こういうのが、説得力というものだ。

ここで吉田松陰の言葉を挙げたのは、もちろんそのメッセージ自体のもつ意味もあるけれども、それ以上に、係長・主任の君が、どのような姿勢で日々の仕事に臨み、結果としてどのような説得力を周囲から獲得するかの例として共有したかったからなんだ。

原理原則に素直に動くことは、上の立場にいけばいくほど重要となる。「いばっている人に

着いていきたいと思う人間はいない」というあたりまえのことを、自分も大切にするし、メンバーにも伝え続ける。それが志高きリーダーの姿勢だ。

リーダーの君にとって、仕事環境も上司もメンバーも、思うようにいくことばかりではない。逆にこちらの考える通りに動くことのほうが少ないかもしれない。とかく中堅世代は、他人や環境に不平不満を抱えがちだ。でもそんなことを言っていても、何も始まらない。他責であれやこれや言うけど、よくよく見てみれば、自分自身との約束を守らない人も多い。

係長・主任の君は、他人のことはいいから、**自分自身との約束だけはしっかりと守ろう。そうすれば、同じく、自分との約束を守れる魅力的な人が自然と周囲に集まってくる**んだ。それはメンバーであれ、上司であれ、取引先であれ。これぞ引き寄せの法則。

枝葉末節にとらわれるような指示命令や細かいチェックは、メンバーのやる気と主体性を削ぐ。なるべくメンバーには、自分自身で主体的に考え行動させ、そのことからやる気と仕事のおもしろみを引き出したい。しかし、その大前提として、基本ルールだけは命をかけても守り、徹底するんだ。メンバーに対しても、そして何よりも自分自身に対しても。

自分を裏切らないリーダーとしての君の姿が、周囲の規律や規範を自然と整え、君の動きやメッセージに説得力と信頼を与えてくれるのだ。

係長・主任のルール
25
「まず、やれ!」と言う

リクルートの元・取締役、生嶋誠士郎さんが、僕が新卒でリクルートに入社したときに、役員からのメッセージとして語られた言葉が、いまでも強く心に残っている。

「じゃがいもの皮むき」＝（〝まずはひたすらじゃがいもの皮をむきなさい！〟）

新人は、ただひたすらにじゃがいもの皮をむき続けるのだ。そう、新人の料理人のように。あれこれと小賢しいことを言いたがるし、いっぱしの役割を与えられたがるのが、若い頃の習性というものだ。僕もそうだった。でも、本当に成長できる人は、まず若手・新人の頃に、しっかりと基礎固めをしている。ひたすら、無心に、徹底的に、理屈抜きでやることの大事さを知っている。

係長・主任の君は、チームの新人や若手にキッパリと言おう。「ただひたすらに、じゃがいもの皮をむけ！」と。

僕も、若手向けの講演で、司会者から「優れたリーダーや経営者になるために、20代はまず何をやるべきですか?」と聞かれて、「つべこべいわずに、目の前の仕事をまずちゃんとやることですよ」とお話ししたら、就活中の学生や若手会社員から想像以上の大反響で驚いた経験がある。講演会場やその後メールなどで続々と声をもらって、ふと思った。最近の若い子は、要望される機会、叱られる機会が減っているのではないだろうか。彼ら自身も実はなんとなくわかっていて、基礎固めをびしっと要望する上司や先輩からの一言を待っているんじゃないかな。

どこかで見かけて記憶に残っているフレーズに、「人生は、踏み切る、割り切る、思い切るの三切る」というのがあった。まず踏み切って始める。始めたら四の五の言わずに割り切って一所懸命やってみる。徹底的にやってみて、それでダメなら思い切ればいいじゃないか、と。踏み切らず、割り切らずに、最初から思い切ってしまってはいけないね。

僕は「3K」と言っている。〝**覚悟、根性、志**〟で勝負だ(この、〝覚悟、根性、志〟を、広尾のちゃんこ料理屋「玉海力」の河邉幸夫社長〜元・玉海力関が気に入られて、同社の社訓にしてくださった)。

係長・主任の君は、何よりもまず、**自分自身が気概をもって、メンバーには御託を並べる前に、「まず、やれ!」と堂々と言おう。**

係長・主任のルール
26
チームや後輩、上司の失敗・問題の原因追及をやめよう

係長・主任の君は、チームで起きたミスやトラブルについての原因を追及するのは、ムダとまではいわないけど、ほどほどにしたほうがよい。

「何でこんなことになったんだ!?」そう部下を問いつめても、お互いが嫌な気分になる割に、解決策はいっこうに得られない。偏見かもしれないけれど、MBA系の企画マネジャータイプと現場型の鬼軍曹タイプ、両極端のこの2タイプは、この「原因追及」が大好きだ。原因分析、原因分析、原因分析……　それで？　得られるのは、せいぜい「こんなミスはするべきではない」という、わかり切ったことくらいなものだ。そんなことはわかっている。でもやってしまったものはしょうがない。

「原因追及型思考」によって相手にダメという烙印を押すことは、人事考課やリストラ対応では意味もあるけど、事業を推進しようという立場にある君にとっては、ほぼ意味がない。

デキる実務リーダーを目指す君がとるべきは、**解決策をすみやかに導き、しかもメンバー**

一同の心も健康になる、「結果追求型思考」だ。

常に「あるべき姿」「理想」「目的・ゴール」といった将来像（だけ）に目を向け続け、そこと現状の差を具体的にどうやれば少しずつでも埋めることができるかを、メンバーと一緒に、上司と共に、考え、試し、実行する。

「どのようになれば、満足な状況になるのか？」

「満足な状況が100点満点だったら、現在の状況は何点か？」

「満足な状況と、現在の状況は、どこが違うのか？」

「そのギャップを埋めるためには、僕らはどんなことができるのか？」

「そのことをおこなうために、どのような障害があるか？」

「満足な状況を実現したことは、どのようになったらわかるか？」

「満足な状況を実現するために、まず着手すべき第一歩のアクションは何か？」

くれぐれも、クレーマーや批評家になってはいけない。

リーダーの君が、常に、**達成したいゴールにメンバー達の目を向け、その解決策を考えさせ続けることができれば、そのチームからは鬱も発生しないし、解決志向の自立したメンバー達がいつの間にか育っている**ことに、遠くない将来、気が付くだろう。

係長・主任のルール
27

「ほめられたい」需要に対して供給不足の、「ほめる」側に回る！

人間、誰もが認めてもらいたい。人は自分を重要だと思ってくれる人を好きになる。でも、案外、同じ部署内だと、これをストレートに満たしてくれる人が出現しないものなんだね（笑）。係長・主任の君も、「頑張ってるんだけれどなぁ。上司もメンバーも、ほめてくれないなぁ」なんて、思っているのではないだろうか。

あまり利害関係のない外部の人やお客様などのほうが、「○○さん、すごいですね！」なんて気安くほめてくれるから、リーダーの立場にある君にとっては困ったものなのだ。

『会社人生で必要な知恵はすべてマグロ船で学んだ』（毎日コミュニケーションズ）著者の齊藤正明さんが、こんなお話をしてくださった。

彼が乗り込んだマグロ船では、船長が船員のことをよくほめる。あまりにも船長が船員をよくほめるものだから、興味深くて、齊藤さんは船長に聞いた。「何でそんなにほめるのですか？」そうしたら、船長はこう言ったそうだ。

「船員達はみんな頑張っとるけん、ほめられたいんだのう。そんで、ほめてあげる人が足らんのだのう。ほめられたい需要ばかり多くて、ほめてあげる側の供給が足りないのじゃから、ほめてあげりゃー、みんな喜ぶがのう。ほめる側にまわったほうが、供給足らんで喜ばれるんだから、得だがのう（笑）」

確かに！　ほめられたい側ばかりで、ほめる側の供給が足りないという受給バランスを突くとは、恐るべし、マグロ船船長。

人は皆、「自己重要感」（自分が重要だと思われている状態）を満たしたい生き物。社長だって、上司だって、自分達もほめられたい。そこで権力を振りかざして、部下達や外部からほめてもらおうとするのが〝小物〟のリーダー。一方、**相手の「自己重要感」を満たしてあげようと動く**のが、〝大物〟のリーダー、真のリーダーなんだね。

実はそのためにもっとも大事なことがある。常に相手の「自己重要感」を満たしてあげられる自分であるために、**自分自身の「自己重要感」を自分で満たせる気持ちや環境を整えることと、自分の「自己重要感」を満たしてくれる人を常にキープすることだ。**

係長・主任の君は、だからこそ、家族や友人、その他の仲間達を、日頃からとても大事にしなければいけないんだ。

係長・主任のルール

28

一生忘れられないフォローをしよう

20代後半の頃、僕はリクルートで立ち上げたばかりの新情報誌で編集職の仕事をしていた。その中で、当時、創業したてだった幻冬舎の見城徹社長のインタビューをお願いできたんだ。個人的な話で恐縮だが、愛読していた村上龍さんや山田詠美さんらの本の謝辞に度々登場する名編集者に会えるというだけで、僕は舞い上がるような思いだった。

しかし取材日当日、近くまで行ってから、道に迷ってしまった。やばい。どう見ても遅刻しそうなので、電話ボックスから幻冬舎に「大変申し訳ありません、5分〜10分ほど遅れてしまいそうです」と事前のお詫び連絡を入れた。

結局、5分ほど遅刻して幻冬舎オフィスに到着。

応接に入るやいなや、「何だ、お前らは!」と見城さんにものすごい迫力で一喝された。

「リクルートだか何だか知らないが、忙しい俺をつかまえて、待たせるとはどういうことだ!」

頭の中で申し訳ない、やってしまったという気持ちと、若干の言い訳が高速回転でぐるぐる回る。あたふたしつつも、だからこそ、なんとかいい取材にしてお詫びしなければ、という気持ちで、お話を一生懸命うかがった。いまでも、その取材中、どんな話を聞いたかの記憶がない。取材テープを後から聞いて、こんなお話をうかがっていたんだ、と確認したくらいの動転ぶりだった。

オフィスに帰りつき、席に戻ろうとすると、同僚が、「井上さん、見城さんから電話です」。

恐る恐る電話に出た。すると、

「井上くん？　いやー、さっきはごめんな！　失礼な奴だったらと思って、少しきつく言いすぎたよ。でもインタビュー始まったら、よく勉強しているし、一生懸命、しっかりと話を理解しながら聞いてくれるから、気が付いたら大幅に予定過ぎちゃったよ。井上くん、なかなか好青年だしね。いい取材してくれてありがとう。いい記事に書いてくれよな！」

この電話一本で、僕の〝見城徹ファン度〟はさらに200％増しとなったことは言うまでもない。このたった一本の電話だけで、その後10年以上、僕はことあるごとに、この話をしているし、いまに至るまでずっと見城徹および幻冬舎ファンなのだ。完璧につかまれた！

ここぞのタイミングでの、一つの声掛け。リーダーの君がメンバーに対してできる、「忘れられないフォロー」のチャンスも、あるに違いない。

係長・主任のルール
29

チームの奇跡を「集合知」で生む

『集合知の力、衆愚の罠』(アラン・ブリスキン他著/英治出版)という、組織のあり方についての素晴らしいビジネス書がある。集団・チームの力をどう解放、発揮させるかについて、多くの示唆を与えてくれる一冊だ。チームや部門、あるいは全社という「場」の力をどう結集し、発揮させるか、は、僕達リーダーの永遠のテーマだ。この本の主題は、集団はなぜ、時に大いなる「知」を結集させ、またあるときは手の付けようもない「衆愚」に陥るのか、のメカニズムを明らかにすることにある。そしてそれは、

● 分断と細分化(「自分には関係ない」という発想、状態の蔓延)
● いつわりの合意、見せかけの団結(構成員の沈黙と服従)

いずれかのパターンにある、と著者らは解き明かす。

確かに。特に集団や組織が困難に直面したときに、専横的な意見が上位者から出されたりした際に、縦方向の圧力や課題・困難に立ち向かう気力や気概の喪失などから、右のような

状態に陥ることは、企業においてもよく見られる現象ではないだろうか。

では、逆に、集団、チームのもつ本来の力を爆発させるために「集合知」の出現を促す方法は何か。本書によれば、

・問題提起や探求の場を作る
・傾聴する（ディープ・リスニング）
・確信を保留する
・システム全体を見る、多様な視点を求める
・他者への敬意をもち、差異を識別する
・生じるものすべてを歓迎する
・「大いなるもの」に対する信頼

といったステップを踏むことだという。

「先に正解や静的な方程式のない時代」にすでに突入しているいま、**「一人ひとりのもつ潜在能力を信じ、そこから湧き上がってくる集団・チームとしての「知」を期待し信じ、引き出す力」**が、僕らリーダーに求められているのだと思う。

それが〝チームの奇跡〟をそこかしこで呼ぶんだ。

4章

これだけ
おさえよ！
リーダー力

係長・主任のルール
30

「社長力」の方程式を、いまのうちから押さえておこう

僕は、これまで6000名を超える経営者・経営幹部の方々とお会いしてきて、成功している経営人材が身に付けている力を「社長力」と呼び、方程式にした。

それは次のような公式だ。

「社長力」＝｛(「描く力」＋「決める力」＋「やり切る力」)×「まとめる力」｝×「学び続ける力」

「描く力」とは、つまりビジネスを構想する力・サービスや商品を創造する力。あるいは、足元の業務をどう進めようかと設計する力だ。

「決める力」は、決断力だ。大きなことから小さなことまで、「こうしよう」と最終判断できる力。自分でちゃんと決められるかどうかは、仕事の実際の場面で露呈することが多い。

「やり切る力」はおわかりの通り、実行力のこと。「やる」ではなく、「やり切る」としたのは、たんに実行するだけでなく、困難を乗り越えて完遂する力を表したいからだ。「決着力」

という言葉も、よく使っている。

この「描く」「決める」「やり切る」が、デキる人材の基本3要素となっている。なるべく3要素ともほしいが、人間誰しも強み弱みがある。この三つは足し算なので、誰かと補完し合うことも可能だ。アイデアマンの創業社長に実務遂行力に長けたNO・2の執行トップの組み合わせ。あるいは、商売を動かす力に長けた社長が、おもしろいアイデアの素材をもつ参謀を抱えて、ビジネスを作り展開していく、なんていうパターンもよくある。

その3要素を覆っているのが、「まとめる力」と、さらにその外側の「学び続ける力」だ。「まとめる力」は、いわゆるリーダーシップ力。人は一人だけで大きな仕事はできない。組織を動かす立場、あるいはパートナーとのプロジェクトワークをしていても、リーダーシップ力は欠かせない。

そして、最終兵器が、「学び続ける力」。学習力であり、習慣化力なのだ。成功する経営者やリーダーは、必ず、この「学び続ける力」に長けている。自分自身を終生、育て続けるチカラといえばいいだろうか、これが人間のエンジンなのだとつくづく思う。

この「社長力」方程式、自信をもって、普遍的な原理原則だとお伝えしている。係長・主任の君には、一生モノの公式として記憶してほしい。

係長・主任のルール

31

チームでもっともあきらめの悪い奴になれ

いま、君のチームで一番あきらめ悪く、「どうすればもっとうまくいくんだろう」と考え続けているのは、誰だろう？　その人が、君のチームの本当のリーダーだ。君が一番じくじくと、常に「どうすればうまくいくのかな」と悩んでいるなら、君はもう立派なリーダーだ。

リーダーとして成長する人、いずれ会社のトップに立つタイプは、〝後ろに助けてくれる人は誰もいない怖さ〟を屁とも思わない人だ。「最後に決める人」になれるか否か、なのだ。

ただし、怖さに無自覚な人はダメ。とことん、**「これで本当によいだろうか」「いまとれる、もっとよい策はないだろうか」と、タイムアップまで考え尽くしたい**。こういう労だけは、他の誰にも任せたり譲ったりしてはダメだ。自分で考えて決めない人は、リーダー失格だ。

昔、〝大手銀行頭取の意思決定方法〟という笑い話を聞いたことがある。頭取さんは、次の三つの情報で経営の意思決定をしていたそうだ（いまでもそうなのだろうか……？）。

「大蔵省（現・財務省）は何て言っている？」

「他行はどうすると言っている？」

（幹部に向かって）「君はどう思う？」

見事に、ご自身の意志がない！

「経営がやってくれない」「上司が決めてくれない」っていう人がいるけど、ダメだよね。上との対立構造を作って、経営批判だけやっている人は、見ていてちょっと悲しいし、そもそも自ら上に立つ機会を逃し続けている。こんな人に会社は仕事を任せたくないし、任せられない。本人は認めないけれど、実は楽して逃げるタイプ。えてして頭のいい人に多い傾向がある。君にはそんな〝実はうまく逃げまわっている〟リーダーにはならないでほしい。

さて、決めるといっても、衆知を集められない人は危険だ。その人が決めたことに、期待と信頼が集まるトップと集まらないトップ、二極いらっしゃる。その差は、検討段階での周囲への相談と巻き込みだ。**衆知を結集し、最後はリーダーが一人で意思決定する。**

とにかく「考え切る力」のある人。しつこい人。仕事の内容に関してうじうじした人（プライベートでうじうじした人は論外！）。こういう人が、いい。いつもあれやこれや考えるのが好きな人。単に考えるのが好きではダメで、結論を決着させることにこだわる人。誰かに決めてほしい、考えてほしい、ではなくて、「決着力」のある人がよいのだ。

係長・主任のルール

32

「カーナビ力」を出動させる

目標に向かって出発するには、ゴールをイメージする「仮説思考力」が欠かせない。「地頭力」の細谷功さんは、この仮説思考力を「カーナビ」にたとえている。

「カーナビはすべて、最終目的地に最適な方法で到達できることを〝片時も忘れずに覚えて〟いる。そのときにある最善の情報を用いて、つねにその時点での最適解を算出する。つねに最新情報を入手して、当初の答えをそのつど更新していく」（『いま、すぐはじめる地頭力』大和書房）

この、**ゴールと現在地を常時捕捉し、追尾し続ける「カーナビ力」**こそ、リーダーの君の頭脳に内蔵しておきたいチカラだ！

またグーグル日本元社長の村上憲郎さんから、以前こんな興味深いお話をうかがった。

それは「オプトインvsオプトアウト」という話だ。

「オプトイン」は事前許可制、「オプトアウト」は事後承諾制。

まず万全を期して全てを整え、合意を整えた上で初めて事をスタートするアプローチと、まずスタートさせて実施してみて、発生する諸問題には適宜対応していくアプローチの対比で、日本は「オプトイン」社会、米国は「オプトアウト」社会。

つまり、日本は〝まず禁止〟を検討する社会、アメリカは〝まずやってみようじゃないか〟の社会。

若手の君にはつらい現状だが、村上さんからの重要なメッセージとして「過激に上の世代や権力を突破するのはＮＧ。〝オジサン〟達には気持ちよく黙っていてもらう手立てを考えるべし」という処世術をいただいた。

価値観の移行期だからこそ、また旧体制の強さもあなどるべからずということで、世代をどう継承しながら価値転換を図るかについて参考にしてほしい。

ともあれ、君には、フレキシブルな仮説をもって、常時、軌道修正を行いながらも、まずは出発する、「カーナビ力」の高い「オプトアウト型」リーダーになってほしい。

係長・主任のルール

33

タテヨコに人を巻き込め

唐突だけれど、10年後には、いまでいう「正社員」はなくなっているだろう。

2002年に刊行されたP・F・ドラッカー著の『ネクスト・ソサエティ』（ダイヤモンド社）には、「いまから20年後あるいは25年後には、組織のために働く者の半数は、フルタイムどころかいかなる雇用関係にもない人達となる」という予言がある。

上記から10年が経った。係長・主任の君は、これから10年、20年とリーダーとして活躍していくための備えとして、〝すでに出現しつつある未来〟を前提とした働き方、チーム運営のやり方に一歩二歩、足を踏み出しておきたい。

そこで君の**チーム運営を、ぜひ「プロジェクト化」してみてほしい。**

僕は、ミュージシャンのツアースタッフをイメージしてもらうといいんじゃないかと思っている。「浜崎あゆみ4大アリーナツアー2012」があったとすると、そのツアースタッフが編成されて半年とかツアーを共に過ごす。で終わると「大成功だったね、お疲れ様！」で解散。そしてまた、「2013ツアー」のスタッフが編成される。そのときに、バンドスタッフ、ダンサー、舞台スタッフの多くは、実はこれまでツアーを支えてきたスタッフ達が再召集されている。野村のヨッちゃんは、2000年以来、あゆのツアーにとって欠かせないメインギタリストだ。でも一方で、スタッフ個々人の都合や、その年のツアーの演出によって、新たなダンスチームが招集されたり、これまでのスタッフとはサヨナラしたりする。

こうしたプロのアーチストのプロジェクトチームと、いま君が所属している会社の組織とではもちろん編成のされ方や自由度、期限などは異なると思う。

でも、すでに君の部門でもさまざまな外部協力会社が参画して動いている業務も少なくないのではないかな。ここでコンサートツアープロジェクトの例から参考にしてほしいのは、

・チームのテーマやミッションに応じて、**最適なメンバーを社内外から召集し、最高のチームで業務を遂行する**姿勢

・チームの**テーマ、ミッションに、区切りや納期を設定し、そこまで皆で走り切るという「有期限」意識**と、だからこそ発揮できる「**走り切る熱**」

だ。君のチームも、お客様を感動させ、沸き立たせるツアープロジェクトスタッフなんだとイメージすると、なんだかワクワクしないかい？

係長・主任のルール

34

「プロジェクトマネジャー」力を身に付けろ

よいプロジェクトは、〝美しい戦略〟のもと、遂行される。

美しい戦略には、明確な公式、セオリーが織り込まれているものだ。まず、現状が充分に把握され理解されていて、その上で、明確なテーマが設定されている。そして、そこに至る進路が描かれる。これが土台となる。

しかし、その絵が実際に動き出すかどうかは、また別の問題。

活き活きとした戦略の実行は、いかにしてなされるか？　楠木建教授の『ストーリーとしての競争戦略』（東洋経済新報社）が話題となった。

「戦略の神髄は、思わず人に話したくなるようなおもしろいストーリーにある」

まさに。でも、ストーリーだけでは、実際の戦略実行に命は吹き込まれない。ストーリーは演じられてナンボ。活き活きとした戦略の実行を決定付けるのは、組織戦略なんだ。

過去6社の企業を社長としてV字再生させた山田修さんは、「組織戦略こそがもっとも重要な戦略」と常々語っている。

メンバーの配置と、各人がいかにそれぞれの役割を有機的に活力をもって全うしていってくれるか。そのシナリオを設計する。何よりも、その延長線上に、プロジェクト活動の「ゴール」がしっかりと見えているか。

「綺麗な絵」が全社総会やキックオフの場などで華々しく披露されたりする。ところが、その絵が効力を発揮せず、宙に浮くことが多いのは、一体どうしてなのだろうか。

全社レベルでも、各部や課の単位においても、結局のところ、上から設計図を渡して指示するようなことでは、現場は動かない。**現場スタッフがおのおの配役をしっかりと、主体的に理解し、受け取って、自らその役を演ずることに喜びとやりがい、生きがいを感じるように「演出」できているかどうか。**それがプロジェクトの正否を分けるんだ。

だから、係長・主任の君は、自分のチームの「プロジェクトテーマ・戦略図」と「その配役・進行台本」を用意する努めがある。

組織戦略を描いて実行する、〝演出家〟としてのプロジェクトマネジャー力を養うことが、君の、これから10年、もっとも重要で役に立つ力となる。

係長・主任のルール

35 「スターシステム」を取り入れてみよう

スターシステムという言葉を、ご存じだろうか?

ウィキペディアから引用すると、

「高い人気をもつ人物を起用し、その花形的人物がいることを大前提として作品制作やチーム編成、宣伝計画、さらには集客プランの立案などを総合的におこなっていく方式の呼称。」である。

手塚治虫マンガファンなら、彼の作品には、いつも登場する〝花形キャラクター〟が数多く存在することを、ご存じかと思う。

デキる経営者やリーダー達が、活力ある組織作り、職場作りに活用しているのが、この「スターシステム」だ。

新組織を編成する際や、新店舗の立ち上げ、あるいはプロジェクトを立ち上げる際に、メンバーをキャスティングし、彼らにスポットライトを当てる。その光の当て方が、絶妙なのだ。

「今度、〇〇という新サービスを立ち上げたいと思う。この件については、前回の□□サービスの開発・販売を大成功に導いてくれたA君をリーダーに、〇〇についての市場リサーチを2年間、業務の合間に自主的に進めてくれていたBさん、プロダクト設計のスペシャリストC君というドリームチームで臨みたい。A君、Bさん、C君、よろしく頼むよ。君達なら、絶対に成功させてくれると確信している。みんなも、ぜひ、このプロジェクトに注目し、支援してあげてほしい」

経営者や組織リーダーは、**組織編成、プロジェクト編成の意図を明確に語り、その各メンバーを、なぜ、そこに配置したのかの理由と期待を、具体的に語れなければいけない。**

意外と、ここをないがしろにされているリーダーも多い。

組織図を配っておけばいいだろう。わかるよね、誰がどんなことをするかは……　それでは、現場のメンバーには、組織の意図や意味は充分に伝わらない。それ以上に、せっかくの新体制が活性化されないのだ。

チームリーダーである君は、組織の演出家であり監督だ。メンバーによい演技をしてもらうために、時には、大げさなくらいの演出もしてみよう。

係長・主任のルール
36

部下をスターとして扱おう

僕自身、「スターシステム」には助けられてきた。

ベンチャー企業時代に、超大型のプロジェクトを受注し、その当時、まだリソースも不足しているなか、全社の協力を得て、「ドリームチーム」を編成し、乗り切った経験がある。

全メンバーに対して相当な背伸びを強いたプロジェクトだったけれど、全員のフォーメーションを、タレント的に位置づけ、モチベートし、「君達ならできる！」と自信を与えたことで、初めての超大型プロジェクトを全員で乗り切ってくれた。この経験で、メンバーが自信を付け、その後の案件受託にも拍車がかかり、また各人が成長してくれたのが、とても嬉しかったことを、いまでもありありと思い出す。

僕が存じ上げている経営者には、この「スターシステム」活用がうまい方が多い。

特に素晴らしいと感じるのは、グローバルダイニング出身で現在「銀座ダズル」「リゴレット」などを展開する、株式会社Ｈｕｇｅ・新川義弘社長だ。

彼は日頃から、メンバー一人ひとりへの業務の与え方がうまく、お店の従業員は、常に活き活きと働いていることを、いつ行っても、店内の活気から体感する。

それが一番象徴的に表わされるのが、新店のオープニングパーティの場だ。メインイベントとして、新川さんは常に、新店オープンのプロジェクトスタッフを、店内のステージに上げ、来場者に紹介する。

それは、映画の公開挨拶で、出演スター達が壇上に並び挨拶をする姿そのもの。紹介されているスタッフ達の、少し気恥ずかしそうにしながらも、誇らしげな姿を見ると、心打たれる。新川さんが俺の店だ、とやってしまうことも可能だろう。しかし、彼の店では常に、ベストチームが取り組んだからこそ、この素晴らしい店がオープンできたんだ、ということを来店者にメッセージしてくれる。**そこで働く人達は、主役の一人として働ける喜びを、充分に味わいながら、つらいことも楽しいことも乗り越えられていくことだろう。**

くり返すけど、チームのリーダーは、組織の演出家であり、監督だ。自分の作品である組織をどれくらい活気付けることができるか。

そのために「スターシステム」を使わない手は、ないよね。

係長・主任のルール

37

「我がこと力」の強い集団をめざせ

先日の某プロジェクトでの、定例ミーティングでの一コマ。

そのプロジェクトメンバーは元リクルート（僕もその一人）および現リクルートグループ幹部にて構成されている。その場にたまたま、プロジェクト外のリクルートOBで、現在経営者として活躍している方が参戦したとき、話がプロジェクト自体のテーマから少し離れて、現在のリクルートの某事業に関することに及んだ。

ディスカッションの内容自体もとてもおもしろかったのだけれど、ふと、

「なぜ、（僕自身も含めて）このメンバーはリクルート本社外の面々なのに、こんなに熱く事業の方向性や施策について、我がことのように議論をぶつけ合っているのだろう」

と思い、おかしくなった。すでに同社を離れて大分経つ面々が、頼まれもしないのに当事者のように議論を交わす。これって、一般的に考えると、少し変だと思う。

この「我がこと力」ともいうべきリクルートDNAの強さこそが、同社を牽引してきた人

材の力なのだろう、と、改めて思った次第だ。

ファーストリテイリングの柳井正さんは『未来の歩き方』（講談社）の最終章で、「昔、リクルートの全盛期がありましたよね」として、リクルート社の創業期（1960年）からリクルート事件（1988年）に至るまでの同社の新規事業提案のしくみや社内風土、仕事の仕方などについて触れて、そういう会社を志向されている、とおっしゃっていた。

確かに、そこの頃のリクルートが一番「リクルートらしかった」。

しかし、冷静に考えて、なぜ、こんなにも多くの方々が、あの頃のリクルート社の風土やしくみを知っているのだろうか。客観的に見れば、とても不思議なことだと思う。

「社員＝メディア」であることと、「我がこと」力の強烈に高い人材が多く社外に出て活躍していることが、その理由と、僕は考えているけれど、どうだろう？

新卒採用では、いかに内定者の段階から「うちの会社」と呼ばせるかが、よい採用からスムーズな入社に至らせるフォローポイントになる。一方、チームリーダーの君にとっては、**卒業後も「うちの会社」と呼ばれるようなチーム作り**ができたときに、最高の仕事が成し遂げられることを知っておこう。

係長・主任のルール

38

「傘立ての法則」を見て、連絡相談の「しくみ」を作ろう

「傘立ての法則」をご存じだろうか？　僕が勝手に作った法則だ（笑）。

君のオフィスのエントランスにも傘立てがあると思うけど、会社の傘立てって、どうしてあれほどまでに、いつの間にやら置き傘で一杯になるものなんだろうね。

僕はこれまでの会社で数度、オフィスの増床移転をおこなってきた。その度に、溜まりに溜まった置き傘がじゃまになる。いい機会だから自分のものを撤収するように、総務担当者に声掛けしてもらうのだけど、見事に減らない……　持ち主不明の傘が、たんまりと出る。

たかだか数十名の前職企業でもそうだったのだから、それ以上の規模の企業や部署でも同様の状況になっていると思う。

さて、これが意味することは何だろう。

たとえば、現在の経営者ＪＰ社（２０１２年４月時点で創業３年目に入ったところ）。当社

で上記のようなことは、まず起こりえない。

従業員メンバー数名。パートナーやお客様が日々出入りするといっても、どの傘が誰のものかわからなくなるということは、現状、想定できない。お互いの個別状況に嫌でも目が届くというべきか。

このことと会社・組織でのコミュニケーションは、振りかえってみるとおもしろいように同期しているのだ。

つまり、傘立ての傘が、どれが誰のものかを認識・確認できなくなるとき。そのときに、**自然にコミュニケーションが成り立っていたこれまでの状況から、組織的なしくみや仕掛けがないと組織全体のコミュニケーションが成り立たなくなったという〝臨界点〟**を超えたことを知るのだ。

さて、係長・主任の君のオフィスの傘立ては、どんな状況だろうか。

〝臨界点〟を超えた持ち主不明の置き傘の本数に見合ったコミュニケーション改革は、行われているだろうか。

「傘立ての法則」によって判明した臨界点を超えた組織には、**意図的なコミュニケーションのしくみ、仕掛けが必然となる**のだ。

係長・主任のルール

39

毎日をしっかりと締め切り、「未完了」を残さない

スッキリした自分とチームを作り、キープするのが、リーダーの努めだ。だから君は、毎日をしっかりと締《し》め括《くく》り、「未完了」を残さないチーム運営を目指してほしい。

新人の頃、あたふたと毎日を過ごしている僕に向かって、姉御肌の女性先輩Mさんは、ほくそ笑みながら、こう言った。

「いのうえ〜。机の上を見れば、あんたの頭の中の状態が、真っ裸だよ」

当時の僕の机の上は、仕事の段取り、優先順位のまったくついていない僕の頭の中同様に、何がどの順番で処理されているか、想像もつかない乱雑ぶり、混乱ぶりだったんだ。

段取り、順番、整理、組み立て。そのあと、僕はことあるごとに、これらの言葉を頭の中で呪文のように繰り返し、いま何がどうなっていて、これからどう進めるのかをいつもチェックし明確にしようという習性が体に染み付いた。

君のチームの仕事も、その日の行動で終わるものから、数日、数週間、数カ月、場合によ

っては年度を超えて進行するプロジェクトなどもあるかもしれない。さまざまなテーマ、ミッションを抱えて、僕らの仕事は日々進む。そこでの基本単位は、まず、「今日1日」。**毎日を、しっかりと締め切って、憂いを残さず1日を終わる習慣が、健康的なチームを作る。**

その日をしっかりと締め括るには、その日のタスクの「未完了」を残さないことだ。ここでお伝えしていきたいのは、以下の二つ。

●朝、業務開始する前に必ず、「今日の予定業務の指差し確認をおこなう」こと。チームなら5〜10分の、今日の予定共有確認を全員でおこないたい。営業や客先常駐型のチームでフロア集合が難しいなら、簡単な業務予定報告メーリングリストでもよい。朝イチのほんの数分の「今日の業務計画確認」がチームの仕事力を見違えらせる。

●その日をなんとなく終わらない。朝の予定業務計画に対して、完了度を確認して締め括る。完了、決着できた業務項目はそれでよい。「残したもの」があれば、現状と明日どうリカバリーするか、そもそもそれを今日予定したことには無理がなかったのかをチェックする。その分だけを共有し合うしくみをチーム内に設けてほしい。これも内勤職ならフロアで数分、定時終了時に立ち会議でもよいし、各人のメールアップでもよいと思う。まずは朝イチとその日の終了時のチェックを、ぜひ、チーム内に習慣化してほしい。

係長・主任のルール

40

結果ではなく、プロセスや方法を常時チェック＆修正しよう

業務がうまくいかない原因は何だろう。それは、**「やり方が足らない」か、「やり方が間違っている」か、この二つしかない。**

「やり方が足らない」とは、「段取りが悪かった」のか、「仕事のスピードが遅かった」のか、おおむねこのどちらか。「やり方が間違っている」とは、「そもそも、やり方がわかっていない」か、「やってみたら違っていた」か、「お客様や上司が考えていたことを自分が誤って理解していた」かのいずれかに当たる。

これらの判定、対処法だけで一冊本が書けるぐらいだが、大事なことは、**このいずれに当たるのかを、そのときどきにしっかりと自分なりに明らかにして、それに合わせたアクション改善を図ることだ。**「やり方が足らない」のに、やり方を変えようとしてみたり、「やり方が間違っている」のに、一所懸命、量を増やそうとすると、ものごとが間違った方向に進み、状況はさらに悪化してしまう。気を付けてほしい。

「業務の進め方」をうまくするというのは、育成という側面も必要になる。

リーダーとして、自分とチームの業績を出しながら、同時にメンバーを育成し、さらに強いチームにする。そんな魔法のようなことが、どうやったらできるというのか、と君は悩むかもしれない。大丈夫、できる！

その方法は、メンバーの業績「結果」をほめたり叱ったりするのではなく、**「プロセス」や「方法」のほうをほめたり叱ったりする**というやり方だ。

結果は結果。よかったにせよ、悪かったにせよ、そこ自体には再現性はない。一方、「プロセス」や「方法」は、よいものも悪いものも、再現性があるもの。動かすべきテコ、倒すべき「ドミノの先頭駒」は、ここなのだ。松下幸之助さんは、こう言われたそうだ。

「成功する人はなぜ成功するのか。それは成功するようにやっているからだ。失敗する人はなぜ失敗するのか。それは失敗するようにやっているからだ」。

問題は、やり方、プロセスや方法にこそあるというわけだ。

成果を出す係長・主任の君は、結果ではなく、プロセス・方法・やり方に光を当てて、そこを評価し、メンバーと共有していけばいい。それが、行き詰まらない、改善改革を志向するチーム風土を培い、メンバーが育つ強いチームを形作ってくれるだろう。

係長・主任のルール
41
成功するまで担当を降ろさない

リクルートを辞めて参画したベンチャー会社時代のこと。その会社では当時はまだ他になかったインターネットの業務支援システムを大手企業の新卒採用活動に導入する独自のサービスを展開。各社からの大きな採用プロジェクトを受託することで急成長した。僕もサービス開発を手掛けながら、自らセールスに当たり、ファーストリテイリングやセブン‐イレブンなどの大手企業の採用業務プロジェクトを受注していた。

そんななか、僕の受注した某外資系大手ＩＴ企業の新卒採用プロジェクトを当社内に立ち上げた。業務スーパーバイザーには、同社創業期から活躍してくれていたＮさんを任命。彼女を含め数名のチームでプロジェクトが始まった。

それは学生達がＷＥＢエントリーを始めたときのこと。Ｎさんが真っ青な顔をして、僕のデスクに来た。「井上さん、やっちゃいました……」

システムチェックをおこなうために、学生へのエントリーお礼メールの配信設定をテストしていたら、ダミーのお遊びメールが、本エントリーの学生達に一斉配信されてしまったとのことなのだ。これを受信した学生は、当然、企業に苦情問い合わせを続々と入れ、また、「2ちゃんねる」にこの企業のことを、ふざけた人事だと書き込まれる始末になった。クライアントは当然、大激怒。プロジェクト自体、キャンセルの危機に陥ったが、その年の全プロジェクト体制を整え活動がスタートしていたこともあってか、「業務はこのまま委託するから、リーダーはNを降ろして別の人間に替えよ」とのご要望となった。

そのとき、僕は考えた。顧客のおっしゃることはもっともだ。しかし、彼女はとても優秀でかつ誠実なスタッフで、クライアントのためにと考えて全体としては質の高い業務をおこなってくれていた。任せれば、必ずよいプロマネを務めあげてくれ、このプロジェクトを成功させてくれるはずだ。そこでなんとかクライアントを説得し、バックアップの人間を追加で付けるなどを条件に、Nさんの担当を継続させることができた。

結果、その年のクライアントの新卒採用は大成功。プロジェクトの打ち上げでは、僕以上にNさんがクライアントから感謝され評価いただいた、という思い出がある。

失敗して終わらせない。なんとか支援して乗り越えさせて、メンバーを成功で完了させてあげよう。これで成長するのは当人だけじゃなく、上司としての自分でもあるから。

5章

新任リーダーとしての上司・会社とのうまい付き合い方

係長・主任のルール
42

上司の右腕・ナンバー2として「つなぐ」「立てる」立場を買ってでよう

係長・主任となった君が、メンバーとの関係構築の前に、第一にやらなければならないことは、上司との意識合わせだ。これから課や部のリーダーの一員として君が果たすべき役割は、**上司に手柄を立てさせる**ことだ。上司が手柄を立てることとイコール、課や部が成功するということだからだ。

だから、係長・主任の君は上司の陰の代行者になって、現場メンバーに対して、上司の代弁者を努めよう。僕は正直にいって、この部分では、4勝6敗〜もしかしたら3勝7敗くらいかもしれない。ちゃんと「つなぐ」「立てる」ができていた場合と、ゼロの場合（この場合ゼロというのは負けカウントだ）、マイナスで対立していた（見かけ上はともかく、内面的心情的に）場合との差が激しかったように思う。

「人に使われる能力」は、「人を使う能力」と同レベルで重要だ。仕事上の信頼をきっちりと得ること。**人間関係の面で上司と〝同志関係〟にあるようにしよう。**上司が、役割上だけでなく、**人としてもまず君に相談したくなるような状態を作る**よう意識してほしい。

ちょっとずるい考え方を教えようか。上司だって楽をしたい。もし君が、上司の意を汲み、さらには上司の身代わりとなって、上司のために課を代行したりするなら、上司にとってこんなにありがたくて嬉しいことはない。君を実質的な〝課長代行〟とするだろう。こうなればもう、課は君のものだ（笑）。課長に昇進する前に、課長の仕事が経験できる。こうした、役割の先取りは今後のリーダーとしての君の成長にとって、とても大切なこと。上司を楽させることで、自分が一つ上に上がるチャンスがぐんと近づくのだ。

デキる上司のサポートから得られるメリットには、「頼られる」以外にも、**「上司の仕事の仕方、思考パターン、行動パターン」を学べる、盗める**という特権もある。一つ、二つ上の立場で仕事を任されるに至った人達の仕事力をいち早く習得したいならば、こんなチャンスは他にない。

無用な対抗意識や、妙な対立構造を作る若手リーダーも少なくない。それが高じて退職や異動の理由となっているケースも多い。そんな時間の無駄は、やめたほうがよい。できるリーダーを目指す君は、上司の右腕として一つ、二つ上の立場の仕事力を先取る〝バーチャル課長、バーチャル部長〟の椅子に早晩座るのだ。

係長・主任のルール

43

課長、部長だって人の子だ。上司の悩み相談に乗ろう

君の上司は悩んでいる。リーダーデビューした君は、これから、「上に立つ立場の人達の孤独」について、徐々に理解するようになっていくだろう。会社の課題や問題について、ダメ出しする立場ではなく、対処する側の立場。一方、経営からは、「何で、お前の部署はこんなこともできていないんだ！」などと叱られる立場でもある。下からと上からとの板挟みにあって、がんじがらめになることも少なくない。もっともストレスを抱えて目の前の仕事に対応を迫られるのが、これから君が進んでいく中間管理職の道なのだ。

そんな上司を支えるのが、係長・主任の君の役割だ。課長や部長も、人の子なんだ。部下である君やメンバーには言えない気もちや悩みを抱えて、毎日、頑張っている。そんな**上司のことを理解してあげ、フォローしてあげることで、チームがうまくいくための環境を作ろう**ではないか。

「お昼でもおごりますよ！」「飲みに行きませんか？」と、たまには君から上司をサシで誘い

出してみよう。それだけで、かなりのプラス点だ。恩を売れるだけでなく、自分にとって、とても勉強になる。上司の話をじっくり聞くことに徹してみよう。本音を聞くには、酒の力を借りるのも、時にはよいことだ。「そうか、こういうことが、課長になると大変なんだな」「こんなことが起きるんだな」「こんなことを経営から言われて、考えなきゃならないのか～」日頃の職場では聞けない、上司の思っていることや考えが聞ければ、大成功だ。

係長・主任となった君は、**人としての上司を尊敬し、愛し、この人のためなら、と思ってみよう**。それは自分の映し鏡でもある。君がそう思って頑張ったことがないとすれば、そんな君を、いま、あるいは今後のいつの日かに、君の部下は尊敬し、愛し、この人のためにと、果たして思ってくれるだろうか。情けは人のためならず、だ。

こうした上司フォローは、上司との人間的な絆を強めてくれるものだし、平素ではなかなか学べない機微を知る、とても大切な機会だ。目上の悩みを知ると、これまで共感できなかった上司だとしても、「ああ、○○課長も、こんな想いがあったんだな」なんてほろっとくるところはあるものだ。それが、ひいては今後、何かあったときに君のチームを上司が支援してくれる土壌作りにもなる。一石二鳥、三鳥の上司お悩み相談役、やらない手はない。君の株は、同世代のリーダー達に比べて、ぐんと上がること間違いナシ！　だ。

係長・主任のルール
44

チームの目標数字の理由をとことん聞こう

とかく僕らは、チーム、課、部、事業部の目標数字をうのみにして受け取り、行動しがちだ。「今期は目標○千万円か、達成できるかなぁ」「うわっ、今年はチーム目標、10%上乗せだ！」。

御託を述べることは論外だけれど、一方、その意味をちゃんと理解せずに取り組んだらなかなか業績は上がるものではないし、仕事力も上がらない。係長・主任の君は、今期達成したい理由をしっかりと腑に落ちるまで理解しよう。そのために上司に確認をしよう。

その前提として、**自社のビジネスモデルを理解し、上司の理解と同期させる**ことをやってみよう。「誰を顧客と考えているのか」「顧客にどのような価値を提供していると考えているのか」「顧客はどのような価値にお金を払ってくれていると考えているのか」。あたりまえだと思っているこれらの〝そもそも〟のことが、確認してみると案外自分と上司とで異なっていることも少なくない。

会社の事情、理屈として、「このような背景から、今期はこうした目標を達成したいのだ」、あるいは、理屈や合理的な分析・組み立てばかりではなくて、「今年中に、なんとかここまで成し遂げたいんだ」という社長の想いや意志、あるいは「難しいのはわかっているのだが、これくらい業績を伸ばせないと、赤字になってしまう恐れがあるんだ」というような内部の事情も軽視してはいけない。

「目標」と「理由・背景・事情」をセットで理解することが、係長・主任の君の必達事項だ。それをチームのメンバーにも、しっかりと言葉に出して説明しよう。

そして、いざスタートしたら揺るがないこと。軸をもって、後はまっしぐらにチームメンバーのみんなで走るだけだ。

念のため。小さなこと、些末な作業などについてまで、ぐだぐだと背景説明を聞くようなことは、逆にしてはいけない。そんなレベルのことについて、自身で理由や意図・目的が推察できないようではまずいし、小項目レベルの作業は、「さっさと片付ける」が唯一の正解なんだから。

おおもとの「大きなこと」と、足元の「小さなこと」の区分けがはっきりと付けられることも、上司からもメンバーからも信頼されるリーダーの条件だね。

係長・主任のルール

45

「ロジック（論理・理由）」プラス「嗅覚」を働かせよ！

係長・主任の君は、「ロジック（論理・理由）」で仕事をとらえよう。ただ、**ビジネスというものは理屈よりも先に直感、嗅覚が大事だ**というのもまた、見逃せない真実だ。

僕が30代なかば、ベンチャー会社の役員だったときのこと。ある知り合いの方から、僕に商談がもちかけられた。その方が役員を務める広告代理店が受注している某企業の求人広告取り扱いを、僕らの会社に譲ってもよいというのだ。年間の取扱額は数億円で、当時の会社の規模からして非常に大きな新規受託になる。売上規模が大きくかさ上げされる。社長を含め幹部陣はこの話に色めきだった。「絶対に受けよう！」

しかし、僕はどうも腑に落ちないものを感じていた。うちに先方企業の窓口を譲る。その代わり、そこからその代理店に必ず受注分の広告をうちが発注することが条件だった。聞いてみると、その企業は広告代理店に大口の求人広告を発注するかわりに、募集受付と選考の代行を一式サービス作業させている模様。確かにうちの会社は採用業務代行を専門としていた。「当社は広告代理業しかおこなっておらず、御社のような採用業務のプロではありませんから」という、代理店側の話の筋は通っている。その部分は今後はうちが独自に先方からアウトソーシング受諾して構わない。その代理店は、うちが代理店マージンを抜いた分の仕入れ原価を払ってくれればよい……

その広告代理店役員が悪意があって当社に話をもってきたとは思わなかった。しかし、どうしても何かひっかかるところがあった僕は、いくつかの伝手でその発注企業を調べてみた。すると、見かけ上は同じ会社が数十年継続しているようにみえるが、何度か民事刑事で事件が起こっていたり、財務上の問題で倒産しながら、別に立てた会社を社名継続させて同じ会社が続いているように見せていることがわかった。しかも採用選考時に、本来、やってはいけない応募者へのある調査をやっていることも判明。いわゆるブラック企業だったのだ。

これは危険だ！　与信リスクも大きい。そのあと、僕は本件の受託を一貫して反対した。ちょうど僕がこの会社を離れるタイミングでもあり、その後のケアをしきれなかった心残りのある案件なのだが、「虫の知らせ」が働いたケースとしてとても記憶に残っている。

大きな案件にこういうことがついてくることは、ありえることだ。係長・主任の君は、これまでの仕事で養ってきた**嗅覚をないがしろにせず、虫の知らせの裏を必ず取ろう。**

係長・主任のルール
46

頼まれた仕事は、まず「YES」と即答しよう

デキる係長・主任を目指す君は、上司からの依頼や飛び込んできた仕事に対して、まず「了解です！」「やりましょう」が第一声であるべきだ。

仕事を成し遂げない人、そんな自分を環境のせいにして嘆き続けている人の口癖は、とてもわかりやすい。

「予算が足らないですよね」
「体制が整っていないじゃないですか」
「時間が足りません」

やれない理由、やらなくてもよい理由を、これでもかと列挙する。やれない理由を言い続けられる自分が誇らしげですらある。それとともになかなか自分のステージが上がらないことに対してくすぶった不満を常に抱き続けている。その自己矛盾と問題点に気付かない。いや、本当は気付いていながら、逃げているというのが真相だろう。そうやって、楽な立場に

逃げ続け、仕事後の居酒屋で同類とくだをまいて、定年を迎えていく……　それも人生かもしれない。ただ、これまでは会社の片隅で定年逃げ切りをキメられたこうした層の人達を抱え続けられるほどの余裕は、いまおよび今後の企業にはない。

40代後半から50代で、かつてなら窓際で生き延びられた人達が続々とリストラされていて死屍累々だ……　係長・主任の君には10年後、そんな道だけは絶対に避けてほしい。

総論の段階で、できない理由・言い訳から入ると、それが仕事で、ぐずぐずする癖を生んでしまうんだ。

とにかく、まず、「了解です」と受けて、始めてみること。着手したことで、漠とした不安が具体的な課題として明確になることも多いし、逆に**いざやってみたら、案ずるよりも生むが易しで、何の障害もなくすいすいと、ことが運んだりもする。**

「仕事は忙しい人に頼め」と言うよね。なぜか？　それは、「忙しい」人は、新たな案件についてもすぐやる、そしてもともと限られた時間やリソースの中でさばこうとするから、無駄なことを極力避け、最大効率で実行しようと試みる。結果として、なまじ時間のある、そこそこぼちぼちやる人間よりも圧倒的な質の結果を出してくれるからなんだ。

係長・主任の君は、さて、どちら側のリーダーに座るだろうか？

係長・主任のルール

47

チームムードが沈滞したら、メンバー数を減らす提案を会社にしよう

組織の基本原理。**人は多少手に余るくらいの仕事を抱えているほうがよい。**過剰はまずいけれども、常に若干の負荷、背伸びが必要なくらいの業務量と質になっている状態が、もっともやりがいを感じられ、適度に忙しく、組織全体も活気付き、おのおのが成長する可能性が高い。

チームのムードが沈滞するのは、仕事量が足らないからのことが多い（もう一つの原因は、業務量に対して異常なほど圧倒的にリソースが不足しているケース。ただ、そのときは、〝沈滞〟というレベルは遥かに超えて、逼迫とか瓦解というような状態になっているハズだけれども……）。それで仕事を増やしにいくと、「仕事のための仕事」ばかりが肥大することになって、生産性が低下し、業績は下降直線まっしぐらだ。

僕は基本的に、人を減らす施策ありきの経営には反対派だ。全社目線では、雇用した従業員に対して中長期的な責任をもち、適宜、各人の役割を用意してあげることと、適材適所の

配置によって事業収益を拡大していくことが、企業や経営陣に求められると思っている。

　その前提で、現在、係長・主任として、「全社の中の、ある部分」だけの責任を負っている君には、その「部分」である**チームの単位を最適化することに徹してほしい**のだ。その目線、経験が、今後、管轄する組織が一段一段、上がっていくにつれて、常に、その範囲を最適化しようという組織運営の目線を養うからだ。

　無用に仕事を分割、分担していくと、一人ひとりがまったりとしてくるのと同時に、仕事の流れが見えなくなって、個々人の仕事力が低下してくるので、ロクなことはない。

　以前、ある職場で、比較的シニアなメンバー達が、「自分達の本来やるべきコンサルティング業務を充分におこなう時間が取れないので、アシスタントを増やしてほしい」という要望を挙げてきて、そうだろうか……と感じつつも、要員を増やしたことがある。そうしたら、何のことはない。そのアシスタント達に自分達の業務を丸投げして、自分達は直行直帰、業績もまったく変わらないどころか、逆にそのメンバー達については逆にさらに低迷するという、笑い話のような苦い経験がある。

　君のチームのメンバーが、「忙しいです……」と言ってきたら、ニコッと笑って、「そうか、それは幸せなことだね！」と言えるリーダーになろう。

係長・主任のルール

48

辞表なんて、間違っても書くな！

係長・主任となった君は、これまで以上に重い責任を背負って、日々の仕事に奮闘しているだろう。業績を出し続けることだって簡単なことじゃない。さらに会社や上司は無理を言う。メンバーは勝手気ままで、育ってくれない。「やってられるか！」と頭に血が上る瞬間の回数も激増するかもしれない。

そんな君に、まがりなりにも人材コンサルティングでそれなりにやってきた僕からのアドバイスは、「どんなときでも、辞表なんて、絶対に書くな！」だ。

辞めることや転職を言い訳にしてはいけない。逃げないでほしい。辞表を書く自分に酔いしれている時間があったら、起こっている問題や課題にしっかり向き合い、解決策を思案し、目の前の業務をてこ入れするとか、抱えている組織の問題を解決・改善するための具申を上司や会社におこなうことのほうが、よほど自分のためになる。そして、そういう人のほうが、転職・独立も圧倒的に成功している。これらをやり切って、それでもどうにもならないということは、ある。辞めることを考えるのは、それからだ。

辞表を書くのは、本当に辞めることを決めて、会社に申し出て合意をもらった後のことだ。

実は、それまで業績に苦しんでいた人が、退職が決まると、退職直前の期間中に、高業績を叩き出すことが多い。最後の意地を見せるというのもあるかもしれないけど、多くの場合は、それまで当人を苦しめ続けてきた心理的な圧迫やプレッシャーから解き放たれることが大きいのではないかと思う。また、それまでは言いたいことが言えなかったり、本来、こうやるべきだと思っていてもやれていなかったことが、退職が決まったことから、衒《てら》いなく、本筋通りに思い切ったことができるようになるから、というのもありそうだ。

とすれば、本来、もっと発揮できる力を、当人側も企業側も阻害しながら働いていることが少なくないということ。このメカニズムをうまく逆手に取れば、君も、あるいは他のメンバーも、辞める必要のないケースはかなり多いだろう。

辞表を書く前に、変な遠慮やあきらめを捨てて、どうせ辞めるのならと、遠慮なく、思い切り、目の前のことをやり切ってみたらよい。そうすれば、そんな君には、いつしか引く手あまたのスカウトの声が常時舞い込むようになるに違いない。

6章

背中を見せる現場リーダーの仕事術

係長・主任のルール

49

「プロフェッショナル」に働こう

君にとって、「プロ」とは何だろう？　顧客志向。専門技を究めている。自分の仕事を自分でプロデュースする。自律。生涯のテーマをもって働いている。社会への貢献。

「プロフェッショナル」と呼ばれるカテゴリーは、広くスポーツの世界からミュージシャンや芸術家、伝統技能、エンジニア、士業、ホワイトカラーまで幅広く存在している。

しかし、同じ「プロ」でも、スポーツやアートの「プロ」と、ビジネスの「プロ」では、求められる成果やアウトプットの質が本質的に異なる。それを自覚しよう。

スポーツやアート世界の「プロ」は、自身の専門領域におけるスキルや能力を磨き上げ、その発揮具合に対して評価と対価を得る仕事だ。

一方で、僕達が身を置くビジネスのフィールドでは、技能自体に対して対価が払われている訳ではない。特定のクライアントやユーザーに対してその専門力を提供した結果、クライアントやユーザーが便益を得たことに対して、はじめて評価と対価を得ることができる。

言葉にすれば、「それはそうだろう」という感じだと思うけど、この立ち位置の違いをしっかり理解していないことから、顧客からの評価や信頼を得損ねていたり、社内での立場をあいまいなものにしてしまっていることが少なくない。

「俺はこんな専門知識をもっているんだ！」

「あの会社は、僕のすごさを軽視している」

これらの不満や行き違いは、自身がアウトプットできる（と思っている）ことと、受け手がそれをどう役立ててくれるかの間に大きな溝があることから発生している。

「どや！」と言う前に、お客様に対してであれ、部下や同僚・上司に対してであれ、**相手が求めている課題やテーマを、どう自分が解決してあげられているかが、**「観客を相手に稼ぐプロ」とは異なる、**「現場解決者のプロ」としてのビジネスリーダーの日々自問すべきポイント**なんだ。

つまりは、「己との勝負」に留まることはできない、ということ。

常に、「誰を」を定めなければ始まらない、コミュニケーションの世界に生きているという厳然たる事実が、僕達、ビジネスのフィールドでプレーしているプロフェッショナルリーダーの出発点だということを、自覚しよう。

係長・主任のルール

50

ワークライフバランスなんて、取らないほうがいい

係長・主任の君には、「ワーク」も「ライフ」も100％以上の意識が大事だ。

リーダーデビューしたこの大切な時期、まず本業に専念しなければ明るい未来は来ない。もしいまの仕事や立場がしんどいからといって、業務とは関係のないテーマの朝活やアフター5のセミナーに逃げたら元も子もない。

さらに目も当てられないのは、本業外の「仕事」に時間を使うこと。いまの給料に満足できないからといって、副業なんてもってのほかだ。

仕事の活力のためにも、プライベートの趣味や恋人、家族との時間はとても大事だ。充実を図りたい。でも、「ワーク」をセーブしたり、完全燃焼できない状態の「ライフ」ほど晴れ晴れとしないものはない。僕自身、仕事がうまくいかないときや乗れないときは、プライベートもどうもいまひとつ楽しくなかったし、充実させるような活動もできなかった。

課外活動がダメだということではないので勘違いしないでほしい。いまの仕事に関係ある

ことに没頭して調べものをしたり、人と会ったり、外部の情報をセミナーなどで取りに行ったりしていると、そこから次の展開が生まれてくる。それは**本業と関係あることだからこそ、深みが増すし、広がる**んだ。関係ない資格を取ったり、語学の勉強をしたり、交流会に行ったりしたって、チャンスなんか来るわけがない。

活躍している経営者やリーダーの人達は、共通して、オンとオフの区分けがない。趣味にも没頭するけど、それ以上に仕事に没頭している。「ゾーン」「フロー」というが、そのときの職務やプロジェクトにのめり込んでしまって、気が付いたら1日終わっていた、1週間経っていた、1カ月過ぎていた。なんていう体験が頻発する。

僕も過去に、新規事業の立ち上げ期やベンチャー会社の急成長期などで数回、「あのときはフローだったな」と思い返す瞬間がある。チームメンバー一同が、何か熱にうかされたような熱気と活気で、誰かに強要されたからということではなく、それぞれに共振しながらそれぞれの仕事にのめり込んで激務をこなしていた。これからもそんな仕事をしていきたい。

本業こそが趣味・楽しみ。自己を投げ出してその〝誠〟を尽くす。係長・主任の君には、そうあってほしい。

係長・主任のルール
51

「大きな石」をまず先にスケジュールに入れる！

時間管理というものは、永遠の課題だ。そう感じる日々を、僕は社会人になって以来、今日にいたるまでずっと過ごしている。それなりに目論んでいても、突発的な事項や、想定以上の工数が発生したりして、さまざまな業務の進行が圧迫されていく。あるいは部下のトラブル対応で出動し、ようやく事態を収拾したところで自分の業務が覆いかぶさってくる……

経営学の大家、P・F・ドラッカーは言った。

「時間の使い方は練習によって改善できる。だが、絶えず努力しない限り仕事に流される」

（『経営者の条件』ダイヤモンド社）

努力し続けない限り、堆積し、奪われていくのが時間なのだ。

さて、ではどうすればよいのか。

優れた経営者やリーダーは共通して、「なぜ、この人はこれだけ忙しいのに、このことをする時間があるのだろうか」と思わされるような、ルーティンをもっている。

ワークスアプリケーションズの牧野正幸社長は、毎日必ず2時間、共同経営者3名でランチを取るそうだ。創業以来、ほぼ欠かさずに！

あるいは1カ月のうち、ある週末は必ず3日間、一人でこもって経営のことを考える時間をもつという経営者の方や、毎日午前中のある時間までは他の業務を入れずに重要事項に取りかかる経営者の方もいる。

ドラッカーは、こうも教えてくれる。

時間から始めよ、時間を大きくまとめよ、と。

『7つの習慣』（キングベアー出版）のスティーブン・R・コヴィー博士のいう通りに、**まず“大きな石”から器に入れる**ということが重要なのだ。**そして何より一度入れた“大きな石”を出さない！**ということこそが、成功する時間術なのだと認識した。

大前研一さんは、年始に新しい手帳を使い始めたら、まず、その年のバカンスの予定を入れてしまうと以前うかがった。多忙を極めたマッキンゼー東京支社長時代から、そうしていたそうだ。その上で、業務の予定をバカンスをすべて避けて入れていく、と。うーん、かくありたい。

さて、これから今年の年間スケジュール表とにらめっこしてみようか。

係長・主任のルール
52

「自分との約束」を絶対に破らない

小さなことができる人が、大きなこともできる。
自分との約束を守れる人が、他人との約束を守れる。

経営者・経営幹部層の方々6000名超とお会いしてきて、〝一発屋〟の打ち上げ花火のような成功ではなく、継続的に発展、活躍している方々に共通しているのは、地に足のついた行動であり、等身大の姿だと感じている。「それはそれ、これはこれ」は絶対にない。

リクルートというと、押し出しの強い、パフォーマンス力のある人が出世すると思われるのではないかと思う。

実際、僕が二十数年前に入社したとき、リクルートの先輩にはさまざまな能力やキャラクターをもった高学歴人材がこれでもかというくらい存在していて、多士済々だった。そんな中で、K先輩は、そのきらびやかな人達と比べれば素朴で実直な、平凡な方（失礼！）だった。

でも、彼が他のどの同世代の同僚達よりも優れていたことがあった。それは、若気の至りもあって、やや大言壮語なことを吹聴しがちな同期の人々に比べて、Kさんは「やる」と言ったことは、日々の一つひとつの小さな業務まで必ずしっかりとやり遂げ続けたことだった。彼のチームに所属した僕の同期のメンバーに対しても、その「やり切ろうよ」「一番で達成しようよ」というスタンスと動き方はまったくブレることがなかった。

それから20年、そんなKさんは他の同期の中で頭一つ抜けて、事業トップに立っている。役割の高さ、担当する組織の大きさは当時とは比べようもないが、仕事に対する姿勢は当時もいまもまったく変わらない。やっぱり、こういう人が出世するんだよなぁと、感慨深く、とても嬉しく思っている。

もう一つ。デキるリーダーになる君は、絶対に「社交辞令」を言ってはいけない。ここでいう「社交辞令」とは、たとえば、「ぜひ今度、飲みましょう！」とか「ゴルフコンペ会あるんですね。ぜひ次回は僕も誘ってください！」というような返事をして、実はまったくその気がないというやつだ。

できる人は、その場で即アポイントを入れる。実際、それくらい忙しいのだ。ずるずると、また後で、日程調整している暇なんかなくなったら、君も一人前だ。

係長・主任のルール
53

べき論にとらわれない

これから器の大きなリーダーを目指す君は、まず〝何でも食べてみる〟という姿勢が大事だ。〝食わず嫌い〟、つまり、やってみる前から否定したり、伝聞又聞き状態で偏った判断をしてしまったりすることは、可能なかぎり避けたほうがよい。まず〝食べてみて〟、その上で自分の好みを判断すべき。しかし、それを他人に押し付ける必要はない。

僕はリーダーや経営者の皆さんを対象に採用・転職・キャリア・組織開発の支援をする人材コンサルタントだ。日々、責任者の立場にある方々からの相談に乗る。事業のことも、キャリアの相談も、当人としての悩みは深く、諸般の事情と状況が絡み合っていることを、コンサルタントとして重々承知している。

で、相談者と一緒に解決策を考えるわけだが、どうするかといえば、要するに、「そのアクションは、自然か」「あたりまえか」「道理に沿っているか」ということに先入観をもたずに向き合うということに尽きる、と思う。

あれやこれや言っているけれど、で、

・それって、要は会社にとってどうでしたっけ？
・それって、要は顧客に対して嬉しいことでしたっけ？
・それって、要はちゃんと収益上がるんでしたっけ？
・それって、要は関係者一同がモチベートされるんでしたっけ？
・それって、要はご自身にとって本当によい結果に至りそうでしたっけ？

「それって、要は」を、透明な目で見ることができるかどうかが、僕らのようなコンサルタントの、出発点なんだ。

リーダーの君は、これからいろいろな「事情」に付き合いながら、時に清濁併せ呑む判断を迫られることも多いだろう。そんなときに、べき論のような事情ありきの判断をする中間管理職にならないよう、気を付けよう。べき論頼りとは、実は他人の判断や考え、意見に迎合するということでもあり、自分自身では正論を述べているように思っていながら、周囲からは日和見タイプにしか見えないことが多い。

つまり、建前で語るリーダーほど、周囲から見て頼りなく、また、信頼できない人物はない。係長・主任の君はそんな「風見鶏リーダー」にならないよう、充分気を付けてほしい。

係長・主任のルール

54

「ファクト（事実）&ナンバー（数字）」で話せ

ライフネット生命社長の出口治明さんは「国語でなく、数字で考えよ」というメッセージで、「本当の意味で、しっかりと考える」ことの重要性を常に説かれている。

「財政再建には税金の無駄遣いをやめ、大きな政府から小さな政府を目指さねばならない」

「景気がよくなれば税収が増えるので、増税より景気対策が重要だ」

こうした「国語」は、文法的には正しいのだけれど、では果たして、事実を語っているのか？

・公務員人件費／GDPを計算すると、日本はOECD中で圧倒的に「小さな政府」である

・過去最高の税収は1990年の約60兆円。景気をよくして過去最高税収を叩きだしても、現在の財政支出90兆円超にはまだ30兆円足らない

「数字」で考えると、こうなるわけだ。

本筋を見誤り、判断ミスを犯さず、正解ににじり寄るために、「数字思考力」UPは、欠かせないなと、痛感した次第だ。

国語的な誤解にチームを巻き込まないためにも、数字に強くなろう。**数字に強ければ、だまされないし、上司を改心させることもできる。**

僕がキャリアコンサルティングや転職ご相談の際に、職務経歴書の記載についていつもお話ししているのが「事実」「数字」に徹してください、ということだ。

経営者クラスでも、レジュメ（職務経歴書）に「類まれなる業績を上げた」「大きな評価を得た」などと〝形容詞〟で記載される方が少なくない。でも、「類まれ」か、「大きな」評価かを決めるのは、あくまでも受け手のほうだ。ある社長にとっては、年間5000万の売上を上げていた人は「すごい高業績を上げていたね」と思う一方、別の経営者にとっては、「まあ、そこそこかな」と判断されることもある。業種や業態、その会社ごとの相場観などで、同じ絶対値も評価は異なるということだ。

それを差し置いて、「大いなる」とか「目覚ましい」とだけ言われても、受け手は比較すべき客観データがないので、評価しようもないし、下手をすると、大言壮語ばかり言う輩だと判断されかねない。デキるリーダーの君は、常に具体的に語ろう。

係長・主任のルール

55

「わかりません」と、死んでも言うな！

答えの見えにくい、あるいはそもそも唯一の正解のないことも多い時代だ。だからこそ、これまで以上に、「徹底的に考え尽くして、仮説的に行動できる力」をもっているかどうかで、リーダー達の間の差がつき始めている。

「わかりません」「どうすればいいんですか」「情報が足りません」「教えないほうが悪いんじゃないですか」……　もともとは若手に多かったけど、最近ではいい年齢の大人（シニア世代）でも、こう逆ギレしてしまう人を見かける。運動不足で筋力を落とすが如く、頭に汗をかかないために「考え尽くす力」を衰えさせたビジネスパーソンが増えているようだ。

あるときの部下に、このタイプがいた。この件、どう思う？「わかりません」。あの件、どうやったらうまく受注できると考えている？「どうすればいいんでしょう」。そうするうちに、どんどん職務自体が停滞するようになってしまった。

「このままだとまずいよね。今後、どんなことを変えれば、挽回できるようになると思う？」

「さあ……　わかりません」

さすがの僕も、それ以上救いの手の差し伸べようもなく、絶句するしかなかった。与えられた仕事を、本人の興が乗ると一気にやる瞬間もあるのだけれども、それも長くは続かず、「今月の僕は、どうもだめです」といってスランプに陥る。そんなことを繰り返した。風の便りでは、現在はフルコミッションセールスをやっているようなのだが、いい年齢になっている彼のいまおよび今後が、老婆心ながらにいまでも心配で心に引っかかっている。

「わかりません」と言ってしまうのは、とても楽なことだ。それ以上考え尽くす負荷をなくすし、周囲に対して、なぜかかっこいいポーズに見せてしまう部分もなくはない。こういう、楽をする癖を身に付けてしまった人は、売れない人材の第一候補となってしまう。

先の見えない時代だからこそ、**正解不正解を問うよりも、そこに至るまでの仮説を自分なりに考え尽くし、やってみる。**それを高速で繰り返せる人材が、買われる人材、伸びる人材なのだ。

「知的格闘力」が問われる時代。

係長・主任の君は、「ああでもない、こうでもない」と常に考え、手足を動かすことを楽しむ癖を身に付けよう。そして、その癖をメンバーにもしっかりと求めてあげてほしい。

係長・主任のルール
56

他人は嫌がるけれど自分は全く苦にならないことを探してみよう

係長・主任の君は、ここで改めて、自分の強みを確認、棚卸ししておきたい。

仕事人生も山あり谷ありだ。ノッているときは多少のことも乗り越えられるが、しんどいとき、つらいときだって必ずやって来る。そんなスランプの時期、不遇のとき、修羅場に見舞われた際に救ってくれるのが、自分の強みだ。

しんどいときに救いになる強みは何か？　それは、やめろと言われてもやってしまうような自分の行動習慣や特技などだ。

人間というのはおもしろいもので、ある人にとって「嫌だ」「つらい」「めんどくさい」と思っていることが、他の人にとって「好きだ」「楽しい」「うれしい」と思えるということが多くある。掃除、勉強、人によってはスポーツ、料理など。そこにこそ、君らしさがある。

本来、掃除にも勉強にもスポーツにも料理にだって、そこに「嫌だ」も「好きだ」も存在はしていない。そのことを「嫌だ」とか「好きだ」とか言っているのは、僕ら一人ひとりの感情に過ぎない。それを心理学の世界では「意味付け」という。

リーダーの君は、いざというときのために、自分の中の「意味付け」を知っておこう。

何かを考え続けていることが好きで好きでたまらないという人もいるし、お客様など外部の人達と商談や四方山話をしているときは楽しくてしかたがないという人もいる。平行していくつかのプロジェクトを抱えていると目先が変わるので飽きないという人もいれば、一つのことを徹底的に突き詰めることには異常な集中力が湧くという人もいる。

僕自身は、単純作業が結構好きで、しんどくなってきたら何か無心に繰り返せる仕事を探してしばし没頭する。するといつの間にか気が晴れる。もし僕が封入作業とかを一心不乱にやっているのを見かけたら、そのときの僕は停滞中かもしれない（笑）。

仕事の中で、自分はどんな業務や作業が好きで、ストレス発散になるか。その項目を平時におさえておきたい。「他人は嫌がる、めんどくさがること」なのに自分は全く苦にならないのだから、**嫌がる人達に代わって、自分は喜んで担当してあげられる。**アウトソーシング関連ビジネスなどはその側面が強いものの一つだろう。

これは、**今後のしんどい時期のためのみならず、実は君のものすごい優位性となる**可能性も高いんだ。

係長・主任のルール
57
数字の理解力を高めよう

以前、ビジネス書評家のエリエス・ブック・コンサルティング社長・土井英司さんの主催セミナーで、対談をしたことがある。その際に土井さんが、おもしろい話をしてくれた。

「PL（損益計算書）って、会社が重要だと思っている順に並んでいるんですよね」

上から順に、売上高→売上原価→販売費および一般管理費。売上高を作るのは、お客様からいただいたお金。売上原価は、商品・サービスを作るために協力会社に支払うお金。販管費とは社員・社内への支払いを含む。

つまり、一番大事なのはお客様（当然！）。次に、そのお客様に提供する商品・サービスを作ることを支援してくださっている協力会社。その次に自社の社員達。この順番こそが、ビジネスを進める際の原則だと。

ビジネス活動、経済活動は数字の組み立て・流れから成り立っている。係長・主任の君はそのことを意識して、日々の仕事に臨みたい。

まず、**定量情報を可能な限り集め、整理し、分析し、判断する**。どうしても定量情報にはならないもののみ、**定性情報を付加して、判断材料に加える**。事実情報に徹する姿勢を、体に染み付かせよう。

顧客・市場情報でも、事業活動のプロセス傾向値についても、大事なのは、**因果関係を特定する**ことだ。完璧な特定が無理でも、推察して仮定を置く。それをＫＰＩ（key performance indicator、重要業績評価指標）に置いて活用する。ＫＰＩの特定とそれを追いかけることのほうが、最終売上などの数字を見るよりも重要で結果につながる場合も多い。

この際忘れてはならないのは、時間軸を意識し、組み入れることだ。先行指標となるＫＰＩを適切な前工程納期でしっかりと追えれば、その後の最終成果は自ずと上がる。ダメな鬼軍曹ボスは、いつも結果数字だけ見て一喜一憂し、部下を追い詰め、罵倒する。

ちなみにデキる係長・主任の君が、押さえておきたい会社の数字は、自社の「**営業利益率**」と「**一人当たり売上・営業利益額**」の二つ。この二つを理解できていれば、自分のチームの活動が会社にとって良好な状態かどうかは把握できる。自分がどう稼いで、いくらぐらいもらう権利があるかも、これを見続けていけば、およそわかるはず。さて、君は会社に稼ぎの「貸し」があるか？　それとも、思っていた以上に「借り」続けてないだろうか？

係長・主任のルール
58

指示上手は、愛を土台とした「ガイダンス力」にある！

僕は、業務連絡でやりとりなどしているときに、その人の「ガイダンス力」に、自然と目が向いてしまう。

たとえば、何かの打ち合わせ予定を決めていく。

ある方とは、スパッと1、2回のやりとりで、日程調整・場所決め・予定議題と、あればそれに附帯する準備事項が決まる。

しかし、別の方とは、逐一、「で、これはどうされますか？」「場所はどうしましょう？」「○○を準備しなくてもよろしかったでしょうか」という、追いかけ確認が延々と続く……

この部分、かなりその人のデキる／デキない度と相関関係を見せると感じている。

僕は、この差は「愛」の有無の差だと思っている。

受け取り手である相手が、その情報をどう受け取るか、どんな道筋でそのメッセージを受け取り、アクションするか。そういうことを、まったく考えていない発信者は、結構、多い。

「そんな説明、ふつうしないよね」

「そんなアナウンスでは、正しく行動できないよね」

こういうことに、心が配れない人。その上でのガイダンス説明が、できない人。周りにいないだろうか……？


相手の状況を理解しようという〝愛〟、相手の理解や行動を、可能な限りスムーズなものにしてあげようという〝愛〟に、欠けていると思うのだ。


コミュニケーションとは、「相手のフレームワークという池」の中に、「自分の釣り糸を垂れる」こと（時には「自分の銛《もり》を、ぐさっと、突き刺す」ことが必要なことも、ある）。

時に、相手の池の所在や位置の確認なしに、無謀に自分の釣り竿を振り回している人を、見かける。そんな人達に、理だけを説いても、なかなか本質的には変わってくれない。そんなときは、ぜひ、君のほうから、

「愛をもって、相手のフレームワークを想像し、理解に務め、その上で、伝わるコミュニケーションの釣り糸を垂れる努力をする」

ことを、教えてあげてほしい。

「ガイダンス力」こそ、その人の人間力、器を、大きく映し出す鏡なのだから。

係長・主任のルール

59

仕事はたかがゲーム。その中でのロールプレイを徹底的に楽しもう

係長・主任の君にとって、目の前の仕事、特に預かったチームの目標を達成することは、何としてもなしとげなければならないシビアなことだ。第1章で触れた通り、この係長・主任時代の業績の正否が、君のその後のリーダーとしてのキャリアを決定付けるのだから、それは必死にならざるをえない。

でも、だからこそ、全身をガチガチにして、強面でぴりぴりと仕事をしないように。ぜひとも、「仕事はたかが、高級なゲームにすぎない」んだという気持ちをもってほしい。

考えてみれば、係長・主任という役割だって、ビジネスというゲームの中で、いまの会社から割り当てられた配役に過ぎない。

リクルート人事部時代の上司でもあり、リンクアンドモチベーション社長の小笹芳央さんは、よくおっしゃっていた。

「我々は社会生活の中でいろいろな立場の役割を演じているんだ」

会社の社員という役割、上司という役割、部下という役割。「家庭の夫、父親でさえも、一つの役割」なんだと。それぞれの役割をしっかりと認識して、よい役割を〝演ずる〟ことを楽しんで追求すればよい、と。

仕事はゲーム。段取り、組み立てを楽しもうじゃないか。

今回の君のゲームプランは、どんな具合だろうか？

勝算は？

今回の見せ所は、いつのどこだろう？

ハッピーエンドを描いているか？

そのゲームプランに応じて、メンバーをキャスティングしているか？

メンバーには今回の配役と台本はしっかりと渡しただろうか？

係長・主任の君は、ロールプレイに成功すれば勝利を手に入れられるし、万が一、今回のゲームには敗れたとしたって、オーナーじゃないのだから、財産や命を取られるなんてこともない。**今回のゲームを、メンバーと一緒にめいっぱい楽しんで、ステージクリアを狙ってほしい。**

係長・主任のルール

60

「早いパス回し」と「シュートで終わる」で仕事が10倍楽しくなる

「いろいろとモノは言うんだけどね、なかなか実際にやらないんだよね」

数名の経営者の方から、ここ数週間のうちに、繰り返し聞かされた部下の方々に対する言葉だ。うーん、そうなのか、「僕の周辺にいる人達は、結構、『すぐやる』タイプが圧倒的に多いので、正直、あまり実感が湧かないんですよね」。いつも、そうお話ししている。

おそらく、類は友を呼ぶので、この本の読者の君も「すぐやる」タイプではないかと思うから、このテーマはあまりピンとこないかもしれない（笑）。

作業興奮、という用語をご存じだろうか。

体を動かすと、それにつられて脳が活性化され、やる気と集中力が上がってくる。これを活用して、自分の活動を促進する方法だ。

「すぐやる力」は、

・物事がどんどん片付く

・宿題を自分の手元に残さないため、精神的に余裕ができる
・相手を待たせないため、サービスレベルが上がる
・相手から、デキる人だと思われる

そして、何より、この繰り返しが自分のあらゆる力をストレッチさせてくれる。

大きな課題に直面した際に、その壁のあまりの高さに愕然とすることがあるよね。実は、そういったときにこそ、この「すぐやる力」が威力を発揮する。

どうせ、一気には行けないのだから、小分けに、小刻みに進むしかない。

伝説の外資トップ、新将命さんの「**コツコツカツコツ**」（こつこつと取り組むことで成功する～克つコツ）という名フレーズがある。愚直に前に進んだ者勝ちなのに「すぐやらない」人ほど、「大変だ、どうしよう、もうどうにもならない、ダメだ!!」となりがち。「すぐやる力」のあるリーダーは、「よっしゃ、ここは一つ腰を据えていくか。よし、どこから行こうかな。まずは、こちらから行ってみるか」と動く。

ご時世柄、誰もがタフな局面にぶち当たる。それを、楽しいゲームに転換させる力こそ、いま、リーダーに求められている。それを実現してくれるエンジンが、「すぐやる力」。

さて、次は何をやろうかな（笑）。

係長・主任のルール

61

ゴール、山場、勝負所だけは何が何でも外さない

24時間365日フルスピードなんて、どんな天才でもムリ！　メリハリ、弛緩と集中が大事だ。では、山場だけは外さないとは、どういうことだろう？

「仕事力とは」というような話を若手の頃から同僚や後輩、お客様としていて、僕は「質」×「量」×「スピード」

と言ってきた。最近は、これに解釈を加えて、

「質（フォーカス）」×「量（アクションの絶対値×レバレッジ）」×「スピード」

と言っている。

さて、躍進中のサッカー代表チームだが、2010年W杯南ア大会を振り返ってのオシム元監督の著書『恐れるな！』（角川ONEテーマ21）に、日本代表チームの「スピード」についてのくだりがある。そのコメントに非常に刺激を受けた。

「ピッチの上では予期せぬ問題が、四六時中襲ってくる。例えば日本代表は、相手のゴール

前でのプレー効率が悪い。これについては、世界のどのチームも抱えている問題であるが、日本の場合は、プレー効率の悪さの原因がスピードにあるのだ。（…中略…）効率の悪さの原因を突き詰めると、すべて「スピード」に辿りつく」

素人目で観戦していても、ボールを足元で止め、次にどこへ出すかを迷っている姿は、とても心もとなく、またリスクを感じる。

「私が訴える「スピード」とは、どのような局面に置かれても素早く考え、動きながら瞬時にして判断する「スピード」である。」（同書）

「頭を使って走る」、これこそが、リーダーである僕らが組織に日々もたらさなければならない状況だ。

前記の方程式は、今後、

仕事力＝「質（フォーカス）」×「量（アクションの絶対値×レバレッジ）」×「スピード（行為×思考・判断の）」

と記すことにする。

まだまだ、僕らは成長できる！　日本代表チームも、我々リーダーも、グローバルの舞台で頭を使ってゴール、山場、勝負所で走りまくろうじゃないか！

係長・主任のルール
62

「自分の中に入れるもの」の質に意識的になろう

僕達は、カラダもココロも、外部から取り入れたものでしか構成され得ないのだ――　そんな話を先日、ある識者の方と交わした。

もっともわかりやすいのは、食事。体の細胞は、食べ物あるいは水分として外部から取り入れられたもの以外から構成されることは、まったくもって、ありえない。

〝ガーベージイン・ガーベージアウト〟と言うが、「間違ったデータ（ゴミ）をシステムに入力したら、間違った結果（ゴミ）しか出てこない」。人のカラダもココロも一緒だよね。

人を作るものは何なのか。

それまでに会ってきた人達。

それまでに読んできた本、観てきた映画、聴いてきた音楽。

それまでに行った場所。

それまでに食べてきたもの。

逆にいえば、その人が会ってきた人達、読んできた本や触れてきたアート、食べてきたものなどを見れば、その人がわかる、ということになる。日々関係をもつ人達、物事、食事の一つひとつを大切に選び、取り入れていかなければならないということだ。

僕自身はといえば、食べ物はともかくとして、本・映画・音楽などに関することには随分と投資してきた。無駄使いも少なくない（というよりかなり浪費が多い？）とは思うけど、それらが直接間接に仕事にも生活にも役立ってくれている実感がある。

そして、何よりも、人とのご縁については本当に恵まれている。それが自分の唯一の強みではないかと感じる次第だ。

図らずも人材ビジネスで生きてきているわけだが、それと人とのご縁の運・ツキについては、結果としてはうまく連関されているのかなと思う。

さて、**日々の「外部からの入力」としての人付き合い、本や映画や音楽、出かける場所、そして食べ物・飲み物を意識的に扱う**こと。それだけで、自分が手を出すものに、ちょっとした変化、改善が起こるような気がしないかな？

"You're what you meet/read/eat."

君は、これまで出会ってきた人達、読んできた本、食べてきた物の総和で成り立っている。

係長・主任のルール
63

スケジュールを「日記」化して毎日を締めくくろう

「時間という資源がほかの資源と違っている点を一つあげるとすれば、それは、使わなくてもどのみち消えてなくなるということだ」(『「ダラダラ癖」から抜け出すための10の法則』メリル&ドナ・ダグラス著/日本経済新聞社)。

ことほど左様に、時間というものは、誰にも区別なく与えられていながら、それを手なずけることは一筋縄ではいかないくせ者だ。

係長・主任の君は、自分にもっともフィットするスケジュール表を手に入れよう。スケジュール表を制するものは、全業務を制する。スケジュール表は事業設計表であり、実績表であり、次の打ち手や改善のための提案書だ。僕の場合はグーグルカレンダーと「ほぼ日手帳」の合わせ技が、この4年ほどはもっともフィットしていて、愛用し続けている。

その日、今週、来週末までの2週間くらいまでは、常時チェックし〝盤面〟を動かし続けたい。2週間先までは、達成したい想定業務を明らかにし、その工数割当を先取り先取りで動かしたいものだ。

ここで重要なのは、会議や営業アポイント、その他外部やメンバーとの予定だけではなく、**「自分自身とのアポイント」もしっかりと入れる**こと。企画書を作る時間、何かをじっくりと考える時間などの「ひとり時間」についても、予定をしっかりとスケジューラに入れる。けっして、空白の時間で処理してはいけない。

そして、予定を書き入れて終わらない。2週間先までの予定をあれやこれやと、ぐるぐると動かし練り直し続ける。それが最終的に「確定」される（実施される）ごとに、がんがん書き換えていく。予定表が、その日が終わると、「実績」兼「日記」になる。

僕の場合だと、事前のスケジューリングはすべてグーグルカレンダー上のみで管理する。「ほぼ日手帳」には予定の段階では何も記載しない。予定が確定したところで、「ほぼ日手帳」に書き込む。そこには内容＋必要に応じてコメントを残す。これを**適宜見返すことで、自身の活動履歴を振り返りつつ、今後の業務設計に活かしていく**。これがルーティン化されてから、僕もだいぶ、時間を先取って手なずけられるようになった。

リーダーの君は、スケジュールを「作戦板」化し、「日記」化していくことで時間を支配するのだ。

係長・主任のルール
64
変化という刺激を常に組み入れよう

係長・主任の君は、現場メンバーの中ではもっとも実績と経験をもつ立場にあるだろう。中堅としての自負も芽生えたし、自社の仕事の進め方も熟知した。そろそろ気を付けたいのが、〝慣れ〟だ。惰性に流されないこと。経験は安定と効率化をもたらすが、気を付けないと、それがイージーミスを呼んだり、環境変化への対応遅れとなったりもする。

足を止める必要はないが、慣性だけに従わないような変化アクションを仕込むことを、自分に仕向けておこう。

僕自身、まったく偉そうなことを言う権利はないのだけれども、こんなことが最近あった。

ベンチャー会社に参画した30代以降、日々バタバタ走り回っている中で（好きでやってる訳だけれども（笑））、自分自身への投資としてこれだけはと継続にこだわっているものがいくつかある。ジム通いも、その中の一つ。かれこれ7年ほど続いているが、お陰で30代前半までの頃よりもいまのほうが体調・体力・体型のレベルははるかに上だ。

といいつつも、それなりの負荷に耐えられるようになって以来、若干膝の調子が悪いということを言い訳にして同じトレーニングを繰り返すだけになっていた。ところが先日、担当のパーソナルトレーナーにそそのかされて、負荷自体はそれほど高くないのだが、別メニューに変えた途端。てきめんにいくつかの部位が筋肉痛の悲鳴を上げた！

なるほど、身体もこれだけ〝慣れ〟に適応していて、逆にちょっとした変化に、即座に驚き反応するものなのだな、と変なことに感動した。

・**刺激は量よりも変化が大切**
・**変化を付けるのは、自分ではなかなかできない**（ましてや、「適切な負荷」をかけることは、至難の業）

ということで、このジムでのトレーニング経験から、自前だけでなくよき指導者、トレーナー、コーチを付けることはとても大切で効果の大きいものなのだ、と体感した次第だ。「くそー」と思いながら、追い込んでくれるトレーナーに感謝している（笑）。

これから最前線で活躍し続けるリーダーの君には、**よい負荷と変化を与えてくれる〝コーチ〟**を配しておくことも重要なことになっていくだろう。ともあれ、日々の仕事の中に、ぜひ、何か普段使っていない筋肉への刺激、変化を与えてみてほしい。

7章

ツイてるリーダーになるルール

係長・主任のルール
65

ツキ、運は誰でもコントロールできる

転職相談で、行く先々の会社で1～2年ごとに倒産やリストラ、不祥事に巻き込まれ続けている方に会うことがある。それも1度や2度ならず、5回、6回と、そのような目に遭っている。話を聞いていても本当に大変そうだし、心情お察しするばかり。「自分のせいじゃない」とおっしゃるし、本当にそう思っているだろう。だが、しかし……

残念ながら、企業はこの方をなかなか採用してくれない。特に、経営者自身が採用に当たる幹部クラスの場合は。採用しない理由は、「うちにこの人が来たら、うちの会社にも悪いことが起こるんじゃないか……」と思うからだ（もちろん、それ以外の職務能力や転職回数の多さという側面もあるけれども）。不幸、不遇を繰り返してしまう当人の「ツキのコントロール力」の問題は、確かにあるのだ。

係長・主任の君は、これから末永く活躍し続けるために、この「**ツキのコントロール力**」についてもしっかりと身に付けていく必要がある。

活躍している経営者・リーダーは例外なく運がよい。たまたま運がよいというよりも、運を大事にしている。皆さん口を揃えて、こうおっしゃる。「ツキ、運はコントロールできる」。

慶応義塾大学SFC研究所上席所員の小杉俊哉さんは、成功者の分析をおこなった結果、彼らの運は、「自分の力の及ばないもの」ととらえているケースはごく稀で、大半は「努力や実行といった〝行動系〟」「好きなことをやる、ポジティブであるなどの〝態度系〟」からもたらされており、それに次いで「他者を支援する、周囲のお陰だと思うなどの〝他者支援・感謝系〟」によっているとの分析結果を発表している（『ラッキーな人の法則』小杉俊哉著／中経出版）。

このような**「ツキ、運を呼び込む行動習性」を身に付けることと合わせて、「いまのツキ、運の状態」を体感・把握すること**も重要だ。運がよくなる兆候を逃さない。運気が悪くなりそうな気配を見過ごさない。人は「らしい」状態に落ち着く。だから、よい状態のときは、それがもっとも「らしい」ように振る舞い、よくない状態のときは、それは「自分らしくない」ように立ち回れば、自然と、強制的に、よいほう、よいほうへと流されていくんだ。

係長・主任の君にとっては、これからはリスクマネジメント以上に「ラックマネジメント」（〝ラック〟＝運のマネジメント）が重要になるかもしれない。

係長・主任のルール
66

「よい感染症」の発症源になれ！

僕らは元気だから笑うだけではない。笑っているから元気になる。

人が集まるから活気があるのではない。活気がある人に吸い寄せられるように、他の人達が集まってくるんだ。

「人の気分、感情は感染する」という事実を知り、使おう。よい空気、ツイているムードを感染させるリーダーに、人も仕事も寄ってくる。

ムスっとしている職場は、例外なく業績が悪い。無表情な職場、マイナスオーラの職場は業務の流れが滞る。それが業績悪化に拍車をかける。

興味深い調査結果がある。ハーバード大学の調査実験によれば、人の幸福度（「幸せだ」と感じている度合い）は自分から数えて3人目まで影響するという結果が出たそうだ。具体的には「あなたの友達の友達、そのまた友達の幸福度が高いと、あなたの幸福度は6％向上する可能性がある」とのこと。逆も真なりなので、君が幸福度を感じていると、君の同僚の同僚、そのまた同僚が幸福度を感じる可能性が6％高まる可能性がある。君のハッピーは、場合によっては隣の隣のそのまた隣の部署まで幸せにしてしまっているかもしれない（『幸福の習慣』トム・ラス、ジム・ハーター著／ディスカヴァー・トゥエンティワン）！

会社にとっても朗報じゃないか！　職場のコミュニケーションと、君がハッピーに働くことにお金は必要ない（笑）。

デキる経営者・リーダーはひとしく明るく、楽天家タイプ。天性の性分と、仕事を積む中で身に付けている部分が両方ある。

一つのやり方として、**元気を振りまくリーダーは、うまくいってる部分に光を当てる。**だから、自分達も周りから見てもそのチームはいつもうまくいってるように思える。うまくいっていないところばかりにリーダーが着目していれば、メンバーにも周囲にも、「ああ……やっぱりうちのチームは、他に比べてうまくいってないんだ」というムードが染み付き、それがあたりまえとして定着してしまうものだ。

人は相手が元気で喜ぶ顔を見ると嬉しい。だから、**リーダーの君はメンバーの仕事を喜んで、元気に働く。メンバーには、お客様や協力会社にしていただいたことを喜び、楽しく働く姿勢を植え付ける。**それだけで、社内外に感染して、放っておいても業績は上向くはずだ。

係長・主任のルール
67

「よい顔つき」は自分で作り出せ

最初の数秒で、その人の印象は決定される。笑顔は百薬の長だ。愛嬌、かわいげのある人は、若手でも年配になってからも、多くの人を惹き付ける。

係長・主任の君は、これから何歳になったとしても、「かわいがられる」「親しまれる」ことをないがしろにしてはいけない。**上の立場になればなるほど、逆に愛嬌力は重要度を増していくもの**なのだ。

朝の通勤時から不機嫌な人がいる。君も、今朝もそんな人を見かけたかもしれない。こういう人って、自ら、毎日を不幸に貶めていると思う。もったいないことだ。自分が自分を不機嫌にしていて、だから仕事も、その自分が放つ負のオーラがゆえに、良好とは言い難い状況にしてしまっているだろう。不機嫌な人、イラついている人に、助けの手を差し伸ばしたり、重要な仕事を依頼したりしようとはしないものだ。

まあ、それはその人の勝手なので、好きにすればいい。でも、電車の車内や、オフィス近くのコンビニなどで、その不機嫌さを周囲の人に、八つ当たりのように吐き散らしている人（20代の男性層に特に多いように感じる）は、本当に、みんなの迷惑だからやめてほしい。受け手の君は、くれぐれも〝被爆〟しないよう気を付けよう。相手が吹っかけてくると、瞬発的に「何を（怒）」と反応してしまうのが人間だ。「いかんいかん、今日のツキを捨ててしまうぞ」、そう心でつぶやいてニコッ。あるいは、せめて無視しよう。

表情は、脳が作っている。とくにそれが現れるのが、口と目だ。意欲があり、前向きな人は、口角が上がっている。何かに真剣に取り組んできた人の目には「目力」がある。無気力な人の口角は下がっていて、視点が定まらないぼんやりとした印象があるものだ。**人の内面は口元と目に現れ、口元と目が〝いい顔〟を作り、いい顔がその人のツキや運を引き寄せる。**

当社のクライアントの経営者にも、「僕は顔で採用します」とおっしゃる方は少なくない。別にイケメンや美女を採りたいと言っているわけではない。よい顔、〝ツキのある表情〟の人を採用したいのだ。実際、それらの会社はよい採用をしていて業績も伸びている。僕も、自社採用やパートナー選びでは、ここはかなり重視している。

表情は自分でコントロールできる。口角をキュッと上げて、しっかりと対象を見定めて、ニコッ。これだけで、君にツキや運は転がり込んでくる。

係長・主任のルール
68

コントロールできることに集中せよ！

ツイているリーダーは、コントロールできることに集中する。自分ではどうしようもない、コントロール不可能なものにはこだわらない。

リンクアンドモチベーション社長の小笹芳央さんが講演でよくお話しされているが、

・「過去」「他人」「感情」は変えられない
・「未来」「自分」「行動」は変えられる

できる人、〝もってる人〟は、「過去」「他人」「感情」にとらわれず、「未来」「自分」「行動」にフォーカスする。

トップアスリートに、試合終了後に記者がインタビューする。今日の結果がたとえ散々だったとしても、一流選手の答えは、「気持ちを切り替えて、明日また頑張ります」だ。

試合前に絶好調の対戦相手をどう思っているかを聞かれれば、「自分の出せる力をすべて出せるようにベストを尽くします」。記者がどう聞こうが、答えは決まっているのだ。

〝心の知能指数〟ＥＱ検査によると、リーダータイプの人は、**過去をくよくよ思い返したり引きずったりせず、未来については見えない不安ではなく自分がコントロールできるものだと考えている**傾向があるという。

松下幸之助さんは、自身が成功できた理由を、次の三つに挙げている。

「家が貧しかったこと」「学歴がない（小学校しか出ていない）こと」「体が弱かったこと」

これって、普通に考えれば、「自分が運に恵まれていない理由」に挙げられる項目だよね。それを、こう解釈する力は、さすが天下の松下幸之助。

一方、未来への不安を抱きそうな人に「そうするな」と言ってもなかなか難しいものだ。このタイプの人は次の展開を考えたときに、「こんな失敗を（また）やってしまうのではないか」という思考にとらわれやすい。実はそれは過去の失敗経験などから来ていることが多いようだ。だから、そんなときは、**「いま・現在」に集中すること**。これがベストだと心理学が明かしている。これから起こる不確定なことに想像（妄想）を巡らすのでなく、あくまでも目の前のことに取り組めばよい。結果は考えない。そんな心で臨めばうまくいく。

係長・主任の君は、自分の行動もチームの活動もコントロールできることに、ただひたすら集中することをうながすことで、よい流れを作るんだ。

係長・主任のルール
69

「時間にルーズ」は自分と相手のツキを奪う

デキるリーダーの君は、時間厳守だ。

時間にルーズな人は、自分だけでなく相手の時間も奪っている。会議の10分の遅刻は、その人の10分の損害なのではなく、他に4名の参加者がいるチームミーティングであれば、10分×5名で50分、1時間近くの実損を会社に与えている。あたふた駆け込んでくる本人は気が動転。待っているメンバーはイライラ。気の流れが淀む。

時間や納期、約束を守れない人は、自らツキ・運を放棄している。

僕の「一事が万事」理論によれば、時間にルーズだということは、あらゆる仕事の納期設定が甘い、あるいは期限を死守するチカラがない、ということを、周囲に公言してまわっているようなものだ。業績と遅刻常習や休み癖は、驚くほど連動する。万が一リーダーが時間にルーズだとすると、そのチームの目標達成力は著しく低い、ということを証明してしまう。

ネガティブな言い方から入ったけど、裏を返せば、時間厳守癖や締め切り前倒し癖を身に付ければ、小さなことから大きなことまで、常に、納期を厳守したり、前倒しできないと気持ち悪くてしかたなくなる。だから、ものごとの進め方がどんどんスムーズになって、結果、業績も常に早期達成を続けるようになるのだ。

成功している経営者は、共通して朝の勤務開始時間が早い。定時の1～2時間前に出社して、一人業務をやられる方の何と多いことか。業績のいい会社のトップは、一般社員が出社してくる前に、ひと仕事終えているような方が、本当に多いのだ。

「時間にルーズ」がツキを落とす、もう一つの原因は、スピード感だ。納期が守れない、なかなか仕事が始まらない、始まってももぞもぞとしていて前に進んでいるように見えない。エンジンの掛からない原因は、あれやこれや御託を述べて、開始することを引き延ばそうとしていたり、回避しようとしていたりで、結局は本人のやる気のなさ、怠慢に起因するケースがほとんどだ。ぐずぐずしているうちに、顧客からの信頼を損ね、気持ちが離れていく。中途半端にプライドが高かったり、ことを難しく考えすぎるタイプ（高学歴男性に多い）が、このパターンにはまりやすい。

リーダーの君は、一発、お尻に蹴りを入れて、「いいから、すぐやれ！」そんなたがをはめることも、時には大事だ。即レス、即行動！

係長・主任のルール

70

成功事例ばかり追いかけない！

係長・主任の君は、「ねえねえ、それ、どうやってやったの？」と事例ばかり追いかけていると、ツキ・運を落としかねないので気を付けよう。

成功している人のやり方、パターンをまねてみるのが大事なことはある。チームの運営方法や定型的なマネジメントのやり方などは、普遍性が高いものも多いので、〝TTP（徹底的に・パクる）〟が効果的なことは多い。どんどんやったほうがよい。

一方で、商談のネタや事業を変革するとか、新しい商品・サービスを作るというようなことについては、成功事例を追うことは誰かの二番煎じ以下にしかならない。

おいしい話は、おいしい話を提供する人だけが儲かって、その話を買った全員が損をする。「稼げる資格」で儲ける唯一の方法は、その資格取得を教えるスクールをやることだという笑えないような話がある。

昔の話で恐縮だけれども、リクルートで採用広報の担当になったときに、制作パンフレットの工程を学ぶために，用紙をお願いしていた大手製紙会社の静岡の製紙工場を見学させていただいたことがある。その際、工場長など幹部の方が対応くださったのだが、昼食を取りながら、僕がリクルートで新卒採用を担当していたということもあったのか、彼らの新卒時代の話をしみじみとしてくださった。

「私達の頃は、人気就職先といえば紙・鉄鋼・繊維といっておりましてね」

工場長さんも東大出身、当時の花形企業に勇躍就職されたのだ。

「ところが、時代は変わってしまって……」

80年代当時、すでに時代の花形は紙・鉄鋼・繊維からサービス業や金融業に移っており、バブル時代にあってもなかなか厳しい成熟業界で工場長を務める背中が寂しそうだった……

ヒットしているものは、それまでのやり方とは違うもの、それまでなかったもの。成長産業は10年前、いま、10年後で移り変わっていく。**事例を追うとは、〝高値買い〟することに他ならない。「つかまされる」側では、ツキや運は逃げていく。**

目の前の仕事も、キャリアも、ときに逆張りも大事だ。「人の行く裏に道あり花の山」。

リーダーとしての今後の活躍を目指す君は、何よりも自分らしい嗅覚、感性、直感を大切にして、既存ルートからの離脱を試み、次のトレンドの先頭集団に立つのだ。

係長・主任のルール

71

効率を先に考えない

係長・主任の君がもしチームの部下を採用することになったなら、「仕事好き」で「性格がよい」人物を採用しよう。というか、その二つを満たさない若手メンバーは採用すべきではない。

もともと一所懸命にならざるをえない性格の人、仲間と気持ちよく働きたい人が、転がるように成功していくんだ。やると決まった仕事は、損得抜きで徹底的にやりたいタイプ、相手が喜んでくれる顔を楽しみにとことんやってしまう性格の人であるかどうかにだけは、徹底的にこだわろう。そうすれば君のチームの増員は必ず成功する。

戦前戦後の大物政治家・財界人を育てた思想家・陽明学者の安岡正篤氏は、こんなことをおっしゃられている。

「何ものにも真剣になれず、したがって、何事にも己を忘れることができない。満足することができない。楽しむことができない。常に不平を抱き、不満をもって、何か陰口を叩いたり、やけのようなことをいって、その日その日をいかにも雑然、漫然と暮らすということは、人間として一種の自殺行為です。社会にとっても非常に有害です。毒であります。いかにすればいつまでも進歩向上していくことができるのか。第一に絶えず精神を仕事に打ち込んでいくということです。純一無雑の工夫をする――近代的にいうと、全力を挙げて仕事に打ち込んでいく、ということです」（『安岡正篤一日一言』致知出版社）

リーダーの君は、全力をあげて仕事に打ち込んでいく気持ちよさをチームメンバーとともに味わおう。

どうすればそんな姿勢を身に付けることができるのか。それには、損得よりも好き嫌いを重視してみるとよい。リーダーののめり込み、ワクワク、情熱に人はついてくる。**好きだからのめり込める。時間を忘れるような仕事が自分を育てる。長続きする、ライフワークになる。**中毒症状に陥るくらいの、仕事に関係する追求テーマ・深掘りテーマを、何としても手に入れよう。それを学んだり、考えたり、試したりすることだけは、寝食を忘れて没頭してしまうくらいの！

やってみないか？

係長・主任のルール
72

あるがままの自分を認めてあげよう

係長・主任の君は、あるがままの自分を認め、そんな自分を肯定しよう。**他人と比較しないことが、自分を強くし、ツキを呼ぶ。**ツキのない人、ツキを落とす人は、いつも他人と自分を勝手に比較して、「自分にはあれがない、これがない。だから自分は運がないんだ、恵まれないんだ」と、自分の人生を非難し続ける。毎日、こんな〝自己催眠〟を掛け続けて、運が悪くならないほうがおかしいというものだ。

もちろん、ダメな自分、なかなか直らない欠点に嫌気がさすことだってあるだろう。時にはクヨクヨするのもよい。失敗の原因や抱えている問題に気付いて、すっきりすればいい。「バッカだなぁ〜」と、軽く自分を笑ってあげればよいのだ。それで終わり。

どんな世界でも、輝いている人ほど**自分の欠点を受け入れて、それを隠すよりも、堂々と開示している**ものだ。欠点は隠せば隠すほど、逆に目に付くようになるから不思議だ。背の高い人が、それを気にして前屈みになると、猫背が妙に気になって見える。それより堂々と背筋を伸ばしてすっくと立った姿は、男性も女性もかっこいい。

この件で僕は、武田鉄矢さんが話されていたドラマ収録のアドリブエピソードが、とても気に入っている。天海祐希さん主演のドラマで、敵対する武田さんが廊下ですれ違う天海さんに悪態をつくシーン。そこで武田さんは天海さんに突然、何と、「貧乳！」と言い放つのだ。そこで天海さんがとった、とっさの行動は。「……！」という表情のあと、〝貧乳〟と言われた胸を、あえてグッと突き出したのだ。この天海さんのアドリブ返しに、武田さんは、さすが大女優！と絶賛されたそうだ。欠点（？）を突かれて、そこをあえてグッと突き出す天海さんに、視聴者である僕らも惹き付けられ、魅力と愛嬌を感じてノックアウトされてしまうわけだ！

仕事とは、生活の中で、起きている時間の半分以上を占める場だ。自分らしく、自然体でいられなければ、まともに続くはずがない。〝呪いの呪文〟を自分に吐き続けて、勝手にコンプレックスや自己否定を抱き続けて過ごすのか、**〝自分をほめて〟ワクワク働く姿を見せる**のか。君の姿がどちらかで、チームのツキの巡りも自ずと変わってくることに、ちょっと責任を感じてみてもよいかもしれない。

さて、チームリーダーの君は、いま、オフィスのデスクで自分らしくいるだろうか？

係長・主任のルール
73

定期的に「捨てる」ことでツキは回ってくる

係長・主任の君は、書類やタスクを堆積させないチームを作ろう。

僕は風水などにはあまり詳しくないけれども、気の流れのよい環境、状況というものは、やはりツキ・運とは切っても切り離せないもののようだ。

使わないものは定期的に捨てる。捨てられない＝整理できていない・混沌とした状況は、ものごとをスムーズに進めることを阻害する。処理スピードが遅くなり、雑然とした環境は心理的にもマイナスのエネルギーを与える。また、雑然とした状態を許すことで、仕事の進め方も雑然とした状態をあたりまえのものとしてしまう習性が身に付いてしまう。

さて、ここからだ。見込みの薄い管理顧客を捨てる。すると空いたスペースに、新規のよい案件が入ってくる。時間を埋めるために、効果がないと薄々気付きながらやっていた業務を、きっぱりとやめる。その空き時間に、重要プロジェクトが舞い込んでくる。

〝とりあえずキープ〟は、本当のチャンスを獲得する機会を逃す（恋愛も一緒！）。**捨てられ**

ない＝未練がツキを落とすのだ。

定期的に捨てる効果は、脳科学的にも理がある。「進行中のこと」に関する記憶もしっかり捨てたほうがよいらしい。前頭葉は「ワーキングメモリ」として働き、短期記憶を一時ストックしている。この処理容量がいっぱいになってワーキングメモリ機能が低下すると、何が起こるか。注意の制御ができなくなるそうだ。注意散漫になってミスを起こしやすくなる。また、理由なくイライラして怒りっぽくもなるそうなのだ。「忘れる」という捨てる作業も、ツキをよくする、運をつかみやすくするためには、とても大切なことなんだ。

ときに、キャリアプランも捨ててみる。別の章で触れた通り、キャリアに目標をもつことは大切だ。そのときどきで、「いま描いている未来、ゴール」が明確に描けていないのは、まずい。しかし、その目標に固執してしまうのはリスクなのだ。環境変化や自分自身の成長によって、昨年の目標は今年上書きされる。3年後、5年後、上書きし続けた結果、10年前といまとでは、自分が目指したい目標・ゴールはまったく別の姿になっているかもしれない。それでいいし、それこそが成長の証だ。

定期的に「自分のビジョン」を捨てて、更新・上書きするときに、思いがけない未来と可能性が舞い込んでくるに違いない。

係長・主任のルール

74

撤収後の美しさでツキを引き寄せる

飲食店で席を立った後のテーブルの上の食器。新幹線や特急列車を下車した後の席の状態。トイレの手洗い・ダストボックス周り。

拙書『人物鑑定法―あの人も、丸見えになる』（経済界）の第1章「行動パターンから性格を見抜け！」でもご紹介したが、公共スペースの立ち去り方で、その人の習性がわかる。

あまりに神経質で潔癖性なのもどうかと思われるが、基本的に、立ち去った後の状態が汚ない、**片付けない人は、ツキ・運をつかみにくい**ようだ。

自分の後に使う人、店の方への気配りがない人とは、要するに、他人の快不快に対する感受性の低い人。これもまた、「一事が万事」。片付けなかったこと自体が、不運を招くわけではないが、そんな環境との関わり方は、必ず、仕事や人間関係でも現れる。そこで、**気の届かなさ、雑な部分が、ツキを逃すことになる。**

通っているジムのロッカールームに個室トイレがあるのだけれど、そこに入ると、いつもおもしろいな〜と感じる。一人で入っているのに（個室だからあたりまえ）、何が起きたんだろう！と思うように、据え付けのシンクから壁、床にいたるまで周囲一面に水が飛散していることがある。手を洗うだけで、どんなふうにすると床までビショビショになるくらい水を激しく出せるのかな？　それとフタが回転するダストボックス。手を拭いてグシャグシャに丸められたペーパータオルが、中途半端にそのダストボックスのフタに半開きで挟まったままになっている。あとひと突き押し込めば、中にストンと落ちるのに（実際、これに遭遇すると、僕が用を足す前にまずやるのは、このひと突きだ）。

次に使う人への配慮、店員さんへの配慮の姿勢は、同僚への配慮、お客様への配慮の無意識的な行動パターンと同期する。情けは人のためならず。見えない部分の雑さが、あだになるのだから、見られていないといって気を抜いてはいけないのだ。

きれいに片付けることは自分の環境整備にもなるだろう。「トイレ掃除で金運上昇」というやつも、あながち関係なくはないんじゃないかな。ちなみに、以下は聞いた話。トイレのフタは、使ったら必ず閉める。自分の家だけではなく、会社でも出先のトイレでも、必ずこれを励行し続けると運気が上がるそうだ。試してみてほしい。

係長・主任の君は、**見えないところを片付けて去ることで、その清浄感がツキを呼ぶ。**

係長・主任のルール
75

アラ探しがツキを落とす

係長・主任の君は、自分のチームのツキ・運を落とさないために、〝アラサガサー〟には気を付けなければならない。

相手のアラばかり探して自慢する人。自分の優越性を誇っているつもりでも、周囲は引いていることに本人は気が付かない。君のチームには上司批判を繰り返して、チームの雰囲気を悪くしているメンバーはいないだろうか。

何もそこまで気にしなくても、というくらい執拗に、他人に対して「許せない」ものを抱えて、自分のことよりも先に、他を非難・批評することにかまけている。

こういう人は、実は、その非難している先にある相手の動き方や考え方、また実際になされていることから、

① 過去にそれらのことによって、自分が大きく傷付けられた経験がある
② 実はそれが、自分が憧れているのにできない、手に入らないことの裏返し

のいずれかのケースらしい。

高度なテクニック（?）として、何かにつけて、「あの人、かわいそうですよね?」「大丈夫でしょうか」と〝心配する〟話題から入る人もいる。要するに、他人の不幸で自分を安心させたいタイプだ。メンバーの採用などでは念のため気を付けたい。この手の人物は、一見、かわいい部下や話しやすい同僚に見えることが多いのだ。しかし、じわじわと、組織を、なんとも嫌な停滞ムードに巻き込む（そしてその状態がその本人にとって居心地がよい）。

その**〝アラサガサー〟の根本的な対処は**決して一足飛びにできるものでもないのだけれど、

・優しく無視する（厳しく否定すると、噛み付いてくるのでご注意を）

・前向きな本来業務に、常に目を向けさせる

ことを徹底するに尽きる。あれやこれやと言っていても、「なるほどな。さて、あの件、どうなった?　今日中に終わりそうかな。さあ、仕事仕事!」だ。

万が一、君の上司がその上の上司や経営を批判していても、受け流して、話には乗らないこと。ほめる目、よいところを探す目をもつリーダー。たとえ上司や会社に問題があったとしても、それに対して改善改革を求めつつ、自分達は自分達としてしっかりといい仕事をやろうじゃないかというリーダーにこそ、よい部下はついてくる。

係長・主任のルール
76

下山し終わるまで気を抜くな

以前、無酸素登頂クライマーの小西浩文さんのお話をうかがう機会があった。小西さんは世界に十四座存在するエベレスト級の8000メートル超の山のうち、六座を無酸素登頂しているという、ものすごい人だ。

8000メートルの高さでは、酸素は平地の3分の1。この酸素濃度に僕らが放り出されると、視力が減退し、脳機能障害が起こる。普通の人だと1分以内に失神してしまうらしい。ひどい場合は脳浮腫や肺水腫などを起こして死に至るケースも。そんな過酷な環境で無酸素登頂するというのは、どんなに壮絶なことだろうか。

そんな中で、小西さんが8000メートル峰の無酸素登頂を成功させ続けられるのはなぜか？　それは、小西さんの目標が「登頂成功」にあるのではなく、「登頂成功して、生きて五体満足で下山し、無事に自宅に帰還すること」にあるからだ、という言葉にハッとした。

プロの登山は登頂中の死亡率が非常に高いが、死ぬのは、実は多くが登頂成功後の下山時なのだそうだ。登頂までの過酷な状況に対しては、プロは日頃からトレーニングを積み、登頂中も常時天候の変化や地形の危険性に気を配り続ける。しかし、登頂に成功すると、困難を乗り越え、張りつめていた緊張の糸が途切れる。そこに落とし穴がある。

「登頂に成功した人も、そこから下山する人も、同じプロの登頂家です。行きと帰りでその技術に差があるわけではない。あるのは、その人の心の差です」

まさに、好事魔多し。

これほど過酷な生死のかかる状況はなくても、僕らの仕事にも似たような場面はあると思う。受注までは細心の気配りでお客様に提案を詰めて高評価だったのに、いざ受注したあと、納品管理がおざなりになってクレームになる。難易度の高いシステムの開発を成功させ納品、ほっと安心したら、カットオーバー時の単純な設定でミスを犯す、などなど。

係長・主任の君は、**〝登頂〟ではなく〝無事下山する〟ことを目標とすることで生き残り続けるツキを呼ぶ**。この講演で小西さんは、「墜落する飛行機に搭乗するのも、その人の責任」と言い放った。これには会場のご年配の方々から、不謹慎だ、そんなことはないと非難轟々だったが、僕は小西さんの主張がわかる気がする。それも〝引き〟であり、それくらいの嗅覚、集中力が、生き残る僕らには必要なのだ、と受け止めているが、君はどう思うだろうか。

係長・主任のルール
77

万全の体力を蓄えろ

係長・主任の君は、体が資本。健康な体に、健全な精神、活力ある活動が宿る。

まだまだ若い。徹夜だって1日、2日ならさほどのダメージはない。ストレス解消に、暴飲暴食はもってこいだ。10代、20代ほどではないにしても、まだまだ質より量で胃袋は満足してくれる。……君は、そう思っているかもしれない。

何を隠そう、僕も30代前半まではそう思って日々を過ごしていた。ベンチャー会社の役員となったその頃、小さいながらに倍々ゲームで事業売上も組織体制も成長していて、自分もメンバー達にも、「仕事は気合いと投入時間でなぎ倒す」姿勢で臨んでいた。それがベンチャーの強みだ。のらりくらりやっている大手など、敵ではない。まさに24時間稼働する自分達に酔っていたところもあった。「まだ、明け方まで6時間もあるさ」。

しかし、ある時点を超えて、それは気付かないうちに、負のスパイラルにはまっていたように思う。時間は掛けているが、明らかに処理スピードが落ちている。眠い時間帯にやった業務は、翌日午前中に見ると、間違いが多くある。睡眠不足は、人の気分をいら立たせる。ちょっとしたことでカリカリくる。「おい、何やってんだ、お前!」。職場の雰囲気を自分達が悪くしている。ついには、業務のピークシーズンに自ら会社に泊まり込んでまで仕事をしていた女性のマネジャーが小脳梗塞を起こして倒れた。ショックだった。

よい仕事は、健康なからだを土台に作られる。そのあと、ジム通いを始めてから、この7年ほど、しみじみと体感している。体重も体脂肪率も激減し、気分もスッキリ。その次のリクルートの子会社の会社作り、現在の経営者JP社の創業など、かなりタイトな業務の時期も多く過ごしてきているが、振り返ってみると大きなダウンもいっさいなく、楽しく乗り切ってこられているのは、週に2〜3回のジム通いのお陰だと思う。

経営者・リーダーのジム、マラソン、トライアスロン流行りは、本能的なものだろうか。

規則正しい生活習慣によって、健康でツキのある活動力が手に入る。継続力、習慣化力の源にもなる。体が締まると自分への満足度、充実度が上がるのでハッピーになる。

係長・主任の君は、万全の体力や知力を蓄えるための、〝よい中毒〟にハマろう。酒やギャンブルに溺れるのはまずいけれど、読書やフィジカルトレーニングに溺れて悪いことはない。いざというときの自分を救ってくれる〝よい中毒〟が、君のツキを呼んでくる。

係長・主任のルール 78

未来は自己選択でき、過去は変えられる！

係長・主任の君は、自分の現在・過去・未来を、どんなイメージでとらえているだろうか。

過去は過ぎ去った事実。未来は不確定な先のこと。そんな感じじゃないかな。

一般的に、これは正しい。でも、ちょっとおもしろいとらえ方をご紹介しよう。

脳機能学者の苫米地英人氏がご自身の著書でよく紹介されている、「時間は未来から現在、過去へと流れている」という見方がある。僕は、初めてこれを聞いたときに、自分の中でものすごいインスピレーションが湧いたんだ。

時間という川の流れの中で、川上を向いて立つ。流れが上流からやってきて、自分を通り抜け、下流へと過ぎ去っていく。未来という川上からの流れが、さまざまなチャンスを運んで流れてくる。それをすくい上げるのも、見過ごすのも、僕らの好き好き。

未来は、自分の先に拡がる霧の中ではなくて、徐々に自分に近付いてくる上流からの流れなのだ。不透明な行き先をかき分けるのではなく、近付いてくる選択肢を自ら選び取っていくのが未来だというわけだ。

では一方、過去とは何だろう？

過去とは、すでに確定された事実。消しようのないもの。そうだろうか？

というのは、「ツイてる、ツイてる！」でご存知の、長者番付連続ランクインしている斎藤一人さん。曰く、「過去は変えられるけど、未来は変えられない」。

奇を衒ったフレーズにも思われそうだけれど、彼がおっしゃっているのは、過ぎ去った過去はすでに自分の頭の中にしかない。その経験を、「つらい出来事だった」と思うのも、「いや、あの経験があったからこそ、いまの幸せな自分があるんだ」と思うのも、それは自分次第。過去の解釈は自分が自由に決められる。その自分が決めた過去ができて、はじめて未来が決まる、ということだ。

いかがだろうか。こんな話をもち出したのは、優れた経営者やリーダーの皆さんは、「運命の自己ハンドリング感」をもっているからだ。**運命は決して自分ではどうにもならないものではなくて、過去も未来も、自分自身の選択で動かせる。**そんな感覚を、このエピソードで味わっていただければと思う。いや、デキるリーダーの君には、もうあたりまえのことだったかもしれないね！

係長・主任のルール
79
流れを体感し、「虎視眈々力」に磨きをかけよう

当社アドバイザーの山本真司さんにご紹介いただいた『人生に生かす易経』(竹村亜希子・著/致知出版社)。これが、非常におもしろい!

易経の骨格をなしているのが「龍の成長の物語」にあるそうで、その変遷は、以下の通りに説明される。

潜龍…デビュー前。確乎とした志を打ち立てる時期
見龍…新米時代。大人と出会い、徹底的に学ぶ時期
君子終日乾乾…創意工夫により本物の技を磨く時期
躍龍…洞察力を養い、飛躍の時をうかがう時期
飛龍…社会に大きな恵みをもたらす時期
亢龍…晩節を汚さないための出処進退を見極める時期

時代も企業も、人の人生も、このサイクルが繰り返されて成り立っている、と。なるほど、

確かに、と思う。

個々人でサイクルは異なるけれど、時代背景やこの本の中心読者である君の世代を考えると、「君子終日乾乾」「躍龍」に当たる時期なんじゃないかな。

まさにいま、本物の技を磨くべき本格デビュー戦の君は、**状況をにらみつつ、次の時代の大きなチャンスを待つタイミング。そんな「虎視眈々力」が求められている。**

易経が説くところで、ほかになるほどと思ったことの一つに、「時節を読み、時節に逆らってはいけない」という部分がある。

チカラを蓄えるべきときに、焦って表舞台に出てしまう。あるいは、山を一つ越えているのに、その山の頂に固執してしまう。そういった「流れに抗ったとき」に、人も企業も社会も凶事に見舞われる。

いまは、次の時代に向かい、価値観を入れ替えるべき厳しい構造変化のときだ。そんなときに、係長・主任の君は、**「虎視眈々」と、創意工夫により本物の技を磨き、洞察力を養い、明日の飛躍の時をうかがう時期にいる**のだと思う。

見方を変えれば、明日のために自分への投資・蓄えをおこなう楽しい時期だとも、思わないか？

係長・主任のルール
80

上昇気流に一緒に乗れる「仲間」を社内外からピックアップしよう

ツキ、運気は共鳴しやすい。この章で確認してきたのは、そういうことだ。

前出のハーバード大学の研究調査では、なんと、君の友人が太っていると、君も太る確率が57％（！）も上昇するそうだ。

この研究では「日々の生活に幸せを感じている友人が一人増えるごとに、幸せになる可能性は約9％ずつ高まる。反対に、日々の生活が不幸だと感じている友人が1人増えるごとに、幸せでいられる可能性は7％ずつ低下する」と報告されている（前出『幸福の習慣』）。

ツキ、運は、お互い様ということだ。だから、係長・主任の君は、自分自身のツキ・運気の管理とともに、メンバー、上司、取引関係や友人・家族のコンディションにも最大限気を配らなければいけない。

ツキ・運は「加速の法則」が働くようだ。よいほうにも悪いほうにも、ガンガン加速する。だから、よいほうに流れたときは、遠慮せずに波に乗るべきだし、悪いほうに流れ始めたら、流れの方向を早めにそらさなきゃいけない。成功している経営者・リーダーの方々の動きを見ていると、皆さん、これを意識・無意識に知っていて、コントロールしている。

取引関係などで、悪い波動の人と出会ったりする。こういう人は、たいがい、絡んでくることが多い。君は義侠心を起こすかもしれないが、この〝悪い波動〟の人を治してあげようなんて不遜なことだ。悪い波動の人に売られたケンカは絶対に買ってはいけない。消耗戦に巻き込まれるだけだ。こういうときは、なるべく遠ざかるか、少なくとも距離を置こう。

人間関係において「ラッキーな人」「ツイている人」とは、どんな人か。

「ラッキーな人」は、「困った人」を自然と遠ざける力をもっている。なので、他の人が巻き込まれるようなトラブルから限りなく無縁の日々を送れるのだ。そして**「ツイている人」は、「かけがえのない人」を、常に自然と自分の周りに引き寄せ続ける**人だ。だから、いつも誰かが陰に日向に助けてくれるので、傍から見ていると「なぜ、あの人ばかり」と思うようなツキに見舞われるのだ。

リーダーの君にとって、「人物フィルター力」というものが、確かに、仕事人生（のみならず、人生全般）を大きく左右している。このことに、意識的でいよう。これからの君のツキ・運のために。

8章

係長・主任の
地力作りの
ルール

係長・主任のルール
81

係長時代の仕事への姿勢が、10年後、20年後の君の姿

係長・主任となった現在の自分自身の仕事に対する考え、こだわり、価値観などを、ぜひ一度、紙に書き出してみよう。「可視化」してみることはとても大事なことだ。頭の中だけで思案、想像するだけでやめずに、「書き出す」ことを重視してみてほしい。

書いてみると、意外と言葉にできなかったり、「あれ、こんなことを考えていたのか」という事柄も出てきたりするので、おもしろいと思う。ぜひ、1時間なら1時間、これ以上何も出てこないと思ってもひねり出してみてほしい。損はしないと思う。

アメリカのことわざで「散歩していて気が付いたらエベレストの頂上にいた、ということはありえない」というのを聞いたことがあるが、まさしく、僕らは何かことをなす際には、自分の目指す山にしか登らない（登れない）のだ。

僕がリクルートの採用マン時代からよく話しているたとえ話だが、キャリアというものは〝台風の進路図〟のようなものだ。「小笠原諸島沖、北緯○○度・東経○○度」に発生した台

風は、常に数時間後の進路予想図の幅をもち、その左右の可能性幅をもって進んでいく。ただし、もっとも右に進路がそれれば、それは太平洋沖に逃げていくし、もっとも左にそれれば中国大陸や朝鮮半島に向かうということで、一歩踏み出した最初の小さな角度の差が、数時間後、1日後の大きな到達点の差を生む。僕らのキャリアも同様に、ある現実の左右幅の中にありながら、右に踏み出すか左に一歩かで、10年後、20年後、その到達地点である職務内容や地位は大きく異なるものなのだ。

スタンフォード大学・クランボルツ教授が唱えた「ハップンスタンス（計画的偶然性）理論」という論がある。キャリアの8割は予想外の偶発的な出来事によって決定される。それをどう生かすか、つかむかもまた、君の人生を大きく左右に振る。

なので、**キャリアの考え方としては、目的型（最終ゴールをイメージし目指す）の部分と展開型（目の前の一歩一歩の結果に応じる）のミックス型が正解**なんだ。日本コカ・コーラの元・会長魚谷雅彦さんは、次の小林一三氏の言葉を座右の銘とされていると以前うかがった。「将来への志は常に高くもちなさい。そして、日々の足元のことをしっかりとやり遂げることこそが、その志に到達する最も近道なのだ」。

係長・主任の君のキャリアは、目標型＋展開型のミックス型で切り拓かれていく。

係長・主任のルール

82

心のひだを感じられる「自己紹介」をしよう

突然だけれど、近くの誰かと名刺交換して、自己紹介してみてほしい。あるいは昨日、今日、商談などで初めてお会いした方に自己紹介したとしたら、それを思い返してみてほしい。

係長・主任の君は、どんな自己紹介をしただろう？

「会社紹介」「部署紹介」「事業紹介」「商品・サービス紹介」で終わっていないだろうか？　名前以外の「自己」はあっただろうか？

日本人の性《さが》なのか、名前のところを入れ替えると、まったく別の人でも成り立ってしまう自己紹介が、特に取引関係においては、とても多い。20世紀の〝社畜〟と揶揄された歯車サラリーマン、企業戦士の時代はそれでもよかったのかもしれないけれども、21世紀はオープン、グローバル、そして何よりすべてのスピードが加速度を増している。企業の寿命すら、かつての30年からいまや実質10年とすらいわれる。今後を生き抜くリーダーの君にとっては、それではやっぱり、ちょっとまずい。企業に属する身であっても、その企業内での「個人」

の特徴・強みにかかる比重は今後否応なしに増していく。

これからの商談・取引は、これまで以上に、「どの会社から買うのか」ではなく、「〝誰〟から買うのか」が重要になる。**独自のモノの見方、考え方、こだわりや夢**など、〝○○さんという人のフィルター〟に共鳴・共感して、人はモノを購入したり、仕事を依頼したりするようになっているのだ。インスパイアの高槻亮輔社長は「ディティールが描けていて、具体的な将来像が映像的に見えている人や信じ込んでいる人」に投資するとおっしゃっている。『人物鑑定法』（経済界）にも書いたけど、ご自身について物語ってもらうことで、その方のサイズ感や人間としての懐具合が、自ずと明らかになる。僕も、人材コンサルティングの場面で、これは非常によく使う手だ。

「一般論に終わらず、その人独自のモノの見方や切り口があるか」「具体的に語れる経験談が豊富か」「活き活きとした感情が伝わってくるか」

何も驚くような冒険談が必要なわけではない。**日常を楽しみ、また、時に苦しみ悩み、過ごしていることが、その人となりから伝わってくるか。それを開示することができる人か。**

リーダーの君の、「脳みそのしわの多さ」と等しく「心のヒダの多さ」が感じられることが、何より人を惹き付ける自己紹介となるんだ。

係長・主任のルール

83

紹介、引き合わせ力を磨こう

「人脈」についてのコメントを取材で求められることが少なくない。

「どうやって人脈を作ればよいかの方法を読者に教えてあげてください」

僕は「人脈を作る」という文脈に、どうもひっかかりを感じる。「人脈」は、結果として「作られる」もの。「人脈をもっている」と言われたならば、何もひっかからないのだけれど。

とかく人脈というと、こちらから網を掛けることのように思われがちだけれども、真実はま逆で、いわば〝被リンク〟の数のことだと思う。

結果としてしか、人脈は得ることはできない。

何の結果？　信頼と期待、好感・共感の結果だ。

ともあれ、その〝被リンク〟を得るには、こちらから、他の人達の〝被リンク〟を増やしてあげることが効果的だ。そのことが相手からの「信頼と期待、好感・共感」を得るトリガーとなる。**人と人とを引き合わせることには、君が思っている以上の相乗効果がある。**

まず、恩は貸し付けているくらいがちょうどよい。

「返報性」という言葉を聞いたことがあるだろうか。人は、何かの恩を受けると、その人に、何かをお返ししなければという心理が働くのだ。「与えよ、さらば、与えられん」だ。

誰かを紹介していただいた方には、僕も、その方にとってメリットのある方をおつなぎ返ししなければ、とか、別のことでも何かお役に立ってお返しせねば、と、当然思い、動く。

そして、**紹介した人が信頼できる人であることが、自分の信用力を上げてくれる。**

自分自身へのブランド評価だけでなく、つないだ方のもつブランド評価が、つないであげた自分に連結されるのだ。これは、ぜひ、係長・主任としてチームを代表する立場になった君に意識してほしいポイントだ。

自分が仮に、知り合った方よりも経験やキャリア、実績などが低いとしよう。その方に、別のところで知り合った、やはりワンランクレベルの上の方を、何かの接点が見つかり、おつなぎしたとする。すると、あら不思議。君は、この二人のレベルに並ぶ（等列ではなくても、それに準ずるレベルの）人に、ぐんと押し上がるのだ。そして、その二人の会話に陪席する機会を得られれば、あなたの視界やセルフイメージを上げる空間に参加することができるだろう。こういった経験が、君のステージをワンランクＵＰさせてくれるのだ。

係長・主任のルール

84

人脈メンテナンスの上級テクニック

紹介に関して、一般的にあまり意識されていない上級テクニックが、「自分の人脈メンテナンスのために、引き合わせる」だ。

どういうことか？　それは、自分の〝両脇〟の人脈をつなぐと、自分の人脈メンテナンスになるからなのだ。

自分が直接会える人の数には、限界がある。たとえば、ランチと夜の会食を、平日、4日間ずつ行ったとして、1ヵ月に会える人は、8枠×4週間＝32名。これを半年で、32名×6カ月＝192名。これだけやっても、200名の方と半年に1回程度しか会えないのだ。

そこで効力を発揮するのが、この「**人脈メンテナンスのための、引き合わせ**」。

たとえば、僕の信頼するAさんとBさんをお引き合わせし、それなり以上の関係に二人がなってくれたとしよう。すると、この二人は、自分が知らないところで、会ったり、やりとりをしたりする。その際に、必ず出るのが、僕の話だ。

「先日、井上さんと会ったら、こんどこんなことをやるって言ってたよ」「先月会ったCさんが、井上さんと仕事で会ったって。Cさん、『井上さんって、××だよね～』って言ってたよ、らしいねー（笑）」なんていう感じに、**勝手に噂話をし合ってくれて、井上という人物の情報をメンテナンスしてくれる**んだ。僕自身、この効果で、かなりご無沙汰した方と久しぶりに会っても、あまり心理的な距離が離れずにすむという恩恵を、非常によく受けている。

「引き合わせ」に関しては、引き合わせる二人（あるいはそれ以上）にとって、お互いが知り合うことで、彼ら彼女らに、どんなメリットがあるかを、しっかり考えなければならない。デキる経営者、リーダーの方々は、たいがい、「引き合わせ力」が高い。両者の〝結節点〟を見付け出して、それを紹介コメントする力に優れている。

これは、ぜひ、訓練を繰り返し、磨きたい技だ。自分の人脈にある人達の人物情報を、常に頭の片隅に常に置き、「今度、あの人とあの人を結び付けたら、おもしろいことが起こるんじゃないか」とイマジネーションをくり返す。そして何より、実際に、腰軽に動く。

「引き合わせ力」は他人のためならず。もし君が、どうも、思うように人脈が広がらないなぁ、と悩んでいるなら、まず、**自分のもっている人脈を、全部、吐き出してみよう**。引き合わせれば引き合わせるほど、君の懐にチャンスが転がり込んでくること、間違いない。

係長・主任のルール
85
本業以外のコミュニティをもとう

縁を求め、自分自身の幅、可能性を拡げるためには、外部のコミュニティをもつことはとても大事なことだ。「弱い紐帯の強さ」という言葉を聞いたことがあるかもしれない。米国の社会学者マーク・S・グラノヴェターが唱えた説で、「価値ある情報の伝達やイノベーションの伝播においては、家族や親友、同じ職場の仲間のような強いネットワーク（強い紐帯）よりも、ちょっとした知り合いや知人の知人のような弱いネットワーク（弱い紐帯）が重要である」という社会ネットワークの理論だ。特に、この理論の元となった調査が、転職の際の情報をどう得たか、というもので、近い身内（強い紐帯）の情報よりもさほど近しくない知人（弱い紐帯）からの情報のほうが圧倒的によい機会につながっていたという。

リーダーとして生き抜く君は、いざというときのためにも、**外部接続の場としてのコミュニティは、一つ二つ、もっておきたい。**

ただし、それは決して、副業や別の仕事への即効薬的な展開を目論む、というようなことではないほうがよい。いまの仕事に関連して知識や人脈を深めたり広げたりしてくれる可能性の高いコミュニティ。短期的な成果を求めているのではなくて、「いつか」のための中長期的な投資感覚が必要だ。あるいは、仕事とはまったく関係のない、趣味のコミュニティであったり、利害関係のない集まりであったり。

職場、仕事上の付き合いとは別の場をもつことは、先に述べた通り、とても大事だ。ただし、だからといって職務に直接間接に還元されえない活動に邁進してはいけない。そんなことをすると、現実逃避としての活動の比重が高まっていって、いまの職務への意識、やる気が薄れ、業績も上がらず、凧の糸の切れたようなキャリアドリフトが始まる。

ガス抜きは、誰にとっても大事なこと。が、しかし、軸は失ってはいけない。係長・主任の君にとっての**「課外活動」は、冷静に見て、どんな意味と価値をもっているか。いまの自分を豊かにしてくれるものだろうか**。きちんと答えられるなら正解だ。ぜひ、一定の時間を継続的に、そのコミュニティでの活動に投資し続けよう。

万が一、そのコミュニティへの参加が、現在の仕事からの逃避に位置づけられているとしたら、悪いことは言わない。それよりも、一人で自宅に帰って、仕事に役立つ本や休息に当てたほうが、明日への健全な活力となるはずだよ。

係長・主任のルール
86

「積極的な不満」を徹底的に貯め込もう！

係長・主任の君は、いま、会社や上司に、あるいはメンバーに、もしくは取引先や協力会社に大いなる不満を抱いているかもしれない。「もっと、こうしてくれればいいのに！」。あるいは一人の生活者として、世の中のサービスやしくみ、政治などへの憤懣《ふんまん》やるかたない想いを抱いているのではないだろうか。

不満を抱えるのは、精神衛生上、よくないことだ。しかし、リーダーとなった君にとって、実はとても大切なことなんだ。不満がないとしたら、そのほうが深刻な問題だ。

会社をよくしよう、仕事の進め方を改善しよう。こんな商品やサービスがあるべきだ。社会のしくみは、もっとこうあるべきじゃないか。これらの「世直し」改革欲求のマグマは、すべて、一人ひとりの「不満」からわき上がってくる。**不満こそがイノベーションの源泉だ。期待と現状の落差を埋めたいというエネルギーが仕事の活力になるんだ。**この不満を僕は、「積極的な不満」と呼んでいる。

一方、現状を嘆き、他を批判・非難するばかりの「消極的な不満」はダメだ。ツキの話と一緒。ついてない人になるし、周囲への貢献もない。不満には必ず、「もっと、こうしようぜ!」をセットにする癖を付けよう。

ところで、その不満ネタの一つに、「うわっ、ヤバイ、どうしよう!!（汗）」という我が身に降り掛かる危機、がある。

しかし、大丈夫。僕らに降りかかってくる課題、難題、問題というものは、「それが発生しうる人」にしか起こらない、らしい。若手の社員に、所属企業の事業部を潰すか生かすかというような責任がかぶさることはあり得ないし、1億円程度の事業をおこなっている経営者が100億円の負債を抱えることはできない。つまり、その時々に発生する問題というものは、自分自身のその時々の「器」を写す鏡なのだ。

逆手に取れば、**これまでにはない課題、難題が降りかかってきたときには、「おお!　ついに俺も、このレベルの課題を背負えるまでになったか!」ととらえよう。**

とかく小さくまとまりがちな昨今。係長・主任の君には、ぜひ、「より大きな、自分サイズの問題・課題よ、やって来い!」の気持ちで、ビジネスに人生にチャレンジし、積極的不満の解決に邁進してほしい。もちろん僕も、そうあり続けようと思っている!

係長・主任のルール

87

これまでもっとも時間とお金を使ってきたことに、さらに時間とお金を突っ込め！

君が、これまでの人生でもっとも時間とお金を費やしてきたことは、何だろう？　その1位、2位、3位が、いまの君を作っている。君の行動パターン、思考パターンの原点、源泉はすべて、この「もっとも時間とお金を使ってきたこと」にあるのだ。

君が損得勘定抜きでのめり込んでしまうことがこれらだとすれば、それがもっとも君らしくあるもの・ことだ。身銭を切りまくって買ったもの、費やした時間に、嘘はない。手元にある本、見てきた映画達やＤＶＤ、聞きまくってきた音楽、のめり込んだスポーツ、訪れた旅行先、食べ歩き続けてきた食事などなど。上位3カテゴリーは、さて、何だったろう？

人は、次の三つから、仕事と人生の学びを得るという。一つは「人」から。もう一つは「本」から。そして三つめは「体験」から。君はこの三つのどれとどれから学ぶことが好きで得意だろうか。

これらの中での〝突出した部分〟が君らしさ、人材としての個性、「差別化要因」となる。

時間がない、お金がない。それなのに使ってしまうこと、やってしまうことは何だろう？

明日までに仕上げなければならない宿題があるのに、手を出してしまう趣味は？

疲れて早く帰って寝たいのに、ついつい立ち寄ってしまう行きつけのショップは？

ここで提案がある。おおむね、これらのことは、「いやいや、他にもやらなければならないことがあるのだから、ちょっと控えないとね……」「もうそろそろ、いい大人だし、家庭もあるのだから」となりがちで、結果、尖った角を失っていく人が多い。

だからこそ、係長・主任の君は、このもっとも時間とお金を使ってきたことに、これからさらに時間とお金を突っ込むのだ！　これからを生き抜くリーダーには、前項で話した通り、これまで以上にその人らしさや個性が重要となる。**ブレーキを踏んで丸くなってはいけない。これから思い切り、アクセルを踏み込んで、尖った部分にさらに磨きをかけるのだ！**

掛けた負荷の分が筋肉になる。しんどい仕事を乗り越えたり、一つひとつの業務の完成度を上げるときにも、自分に負荷が掛けられるということはとても大事なことだ。そしてどうせなら、自分がもっとも好きで得意な部分にさらに負荷を掛けることで、自分の突出した部分に磨きをかけよう。その「特長」こそが、君の君たる、際立つ個性、魅力となり、巡り巡って、いざというときのリーダーとしての君のキャリアを支えてくれるに違いない。

係長・主任のルール

88

群れる時間を減らして「一人の時間」を確保しよう

成功している経営者やリーダーを見ていると、とても情熱的で前向き、人好きで集団の輪の中心にあり人付き合いもよい外交的な方が多いのだけれども、実は、その一方で、ちょっと俯瞰した目線や醒めた感じ、かっこよくいうと、「ふとした瞬間に、寂しそうな面影がちらっとよぎる」人が多い。

本当にデキるリーダー、経営者は、集団を愛するのと同時に、ちょっとした自分だけの時間や孤独も愛するらしい。

「リトリート（Retreat）」という言葉をご存じだろうか。

直訳すると、退却、後退、静養先、隠れ家、黙想（期間）などの語彙が並ぶが、日常生活から離れて、普段しないようなことをし、自分を見つめ直すなどの意味で使われる。

海外の研究機関や大学、また一部の外資系企業などでは、リトリートと銘打ってリゾートに集まり、お互いの研究テーマを発表し親睦を深めたり、オフサイトで日常の仕事から遠ざかり、研修・ワークショップなどで精神のリフレッシュを図る数日を過ごしたりする。

できるリーダー、経営者の方々は、この**「リトリート」を自分のスケジュール、カレンダーに意図的に取り入れている**。以前数カ月お世話になった某ビジネススクール経営者の方は、月に1回、必ず3日間の〝山籠り〟期間を定期的に設けて、そこで〝一人経営会議〟や〝一人瞑想〟〝一人じっくり充電勉強〟などをしていた。

多忙を極める役回りだからこそ、強制的・しくみ的に日常から定期的に離れる必要性を、自覚されていらっしゃるのだろう。

こういうしくみをもっている方々を見ていると、〝枯れない〟強みを感じる。**常にリフレッシュして、目の前の業務に邁進している。一方で短視眼に陥らず、常に長期的視界や構想をもち、ブレない**。生理学的にも、中途半端に仕事のことを頭の片隅に残したまま数日休むよりも、思い切り仕事から離れて1日空っぽになって休むほうが、リフレッシュ度ははるかに高いとのこと。それと、目の前の業務から離れて、次元の異なる事業構想や学習をおこなう2〜3日間の効果は、相当に高いのだという。確かに。

正直、僕自身はなかなかこうした時間投資ができないままここまで来てしまっている。今年こそは「ぷちリトリート」習慣をスケジュールに組み入れていきたいと思う。

係長・主任のルール

89

週一冊、本を読み、週一人、新たな人と出会おう

深く考える。全体観をもつ。

係長・主任の君は、そんな懐の深さを養っていきたい。そのためには「ひとり時間」をもつことと並んで、**読書と人から学ぶこと**が大切である。

優れた経営者やリーダーの方々は、例外なく読書家で、さまざまな人達との交流を大切にしている。この二つの活動については、理屈抜きで、ただ、「必要なのだ!」と言うのみだ。

実務的なことから、それを超えた人間としての滋味を養うところまで、本と人から学び続けるのが、社会人人生を実り多いものとする僕らの日々の努め。やるしかないのだから、後は、いつから読むか・会うか、どれくらい読むか・会うか、という君の選択あるのみ。最低ラインを引いてくれと言われるならば、「週に一冊、本を読み、週に一人、新たな人と出会うようにしよう」とお奨めする。もちろん、もっと多くて構わない。

これから君が責任のある立場に上がれば上がるほど、あらゆることに対しての意見、視点、

見解を求められるようになる。**入力のないところに出力なし。出がらしにならないために、責任が大きくなるに比例して、リーダー達は学びに対する意識と危機感が強くなっていく。**

「人から学ぼう」「メンターをもとう」という話になると、「でも、自分の周りには魅力的な人がいない、尊敬できるメンターが見当たらないんです」という人がいる。

アイドルやアスリートならいざしらず、ビジネスの世界にいる僕らとしては、〝丸ごと〟一人を全人格的・能力的に信奉するようなメンター作りは、個人的な意見としては、やめたほうがよいと思う。

周囲の先輩、上司、あるいはメディアなどに登場する経営者だって、誰しも、丸ごと素晴らしい人、ダメな人が存在するわけではない。一人の中に、「よい部分」と「悪い部分」がある。だから、「Aさんのこの部分と、Bさんのあの部分は、自分としてもそうありたいな」という具合に、**〝部分取り〟して「合成・合体型」メンター、ロールモデルを作る**ことをおすすめしたい。そうすれば、本から、歴史上の人物や海外の経営者からでもメンターにできる。

君の「合成・合体型」メンターはどんな人になったか。また、今週読んだおすすめの1冊、今週出会った素敵な人について、ぜひ今度、酒のつまみにでも聞かせてほしい。

係長・主任のルール
90

継続力、習慣力の「複利のチカラ」をあなどるな！

継続の力はあなどれない。

今日の1時間は、1年の365時間。5年の76日、ということは2カ月強。たった1時間を5年積み重ねると、5年の中の2カ月を使っている。その2カ月を何に使ったのかの差は大きい。継続の力、習慣の力をまざまざと見せ付けてくれ、その名言も多いのがイチローだ。

「小さいことを積み重ねるのが、とんでもないところへ行くただ一つの道だと思っています」

「いま自分にできること。頑張ればできそうなこと。そういうことを積み重ねていかないと、遠くの大きな目標は近づいてこない」

目の前のことに、一つ背伸びした部分を付け加えて全力で取り組む。そうやって一つひとつステージクリアする人が徐々に加速度を増して、あるとき一気に成長し、成功する。最初からいきなり月に着陸するようなことばかり夢見ている人ほど、地上からわずかも飛び上がれず、それに不平不満や言い訳ばかり言い続け、一つひとつ階段を登っている人から離されるんだ。21世紀の現代も、ウサギとカメの童話は生きている。

スティーブ・ジョブズは、伝説の名スピーチといわれているスタンフォード大学卒業式典での講演でこう言っている。

「未来に先回りして点と点をつなげることはできない。君達にできるのは過去を振り返ってつなげることだけなんだ。だから点と点がいつか何らかのかたちでつながると信じなければならない。自分の根性、運命、人生、カルマ、何でもいいから、とにかく信じるのです。歩む道のどこかで点と点がつながると信じれば、自信をもって思うままに生きることができます」（スタンフォード大学2005年卒業式スピーチ）

信じて、続ける。それが、結果、振り返ってみるとつながっている。

学び続ける力が終始一貫して重要なのは、あえていうまでもないだろう。ただし、いくら学んでも、それは〝レバレッジ因子〟なので、肝心の〝カッコの中身〟（「経営者力」方程式の「描く力」「決める力」「やり切る力」の基本3力と「まとめる力」）がない限り、無駄だということも、忘れずにいてほしい。

係長・主任の君は、現場で活躍するビジネスリーダーだ。〝実務に活かしてナンボ〟を決して忘れてはいけない。出口のない「勉強オタク」はやめようね。

係長・主任のルール 91

方法論（方程式）オタク、フォーマット化オタクになろう

リクルート在籍時代の20代後半、情報誌の事業企画室に所属していたときに、ムックという特別編の雑誌を企画・発売する責任者となった。その記事企画、広告企画、読者が情報を探す際のインデックスの設計などなど、情報誌を作るよしなしの提案を事業部の会議や営業会議にかけて決裁を仰いでいた。その度に、問われる。

「何でそうなると思うんだ？」「本当にそれで読者はついてくるのか？」「そうかな、じゃあ証明してみろよ」

そんな〜、まだ発売したこともない媒体なのに、証明なんかできっこないじゃないかー。

企画は立てられるのだが、それを関係者で判断・合意してもらうための下地作りが、まったくできなかった。そのときに、隣のチームの先輩に言われた。

「先に出ている媒体の成功しているフォーマットや設計書は、うまく使ったほうがいいぞ」

なるほど。それまで、しゃかりきになって、全部一から設計しようとしていたが、広告企

画の位置づけやインデックスの設計方法などは、別の成功しているものの「構造」「設計ロジック」をパクらせてもらえば、こちらもロジックと成功可能性の理由を例示しやすく、決裁判断する部長や役員も、理解納得しやすい。これを始めてから、それまでが嘘のように、会議での決裁がサクサクと降りて、媒体立ち上げのスピードがグンと増した。

ここからコツを得た僕は、何かにつけて、「これは、どんな公式で成り立っているのか」「これがうまくいっているフォーマットはどんなものなのか」に常に目が向くようになり、それは営業方法、組織体制、経営方針、新規事業から、世にいう成功法則まで、「方程式オタク」になってしまった。

それは「売れた」のか。それとも「売った」のか。そう問われたことは、あるだろうか？「売れた」と「売った」の差は、どこにあるか？　それは、結果を導くシナリオや公式があったかどうかだ。二流の営業マンは受注結果に喜び、一流の営業マンは受注シナリオ通りに運んだことを喜ぶ。

係長・主任の君は、**〝型〟を発見することにどん欲になり、それを方程式化し、チームで使ってみよう。**そうして獲得した公式・フォーマットの数が、君のリーダーとしてのこれからの成功の保証書となる。

9章

係長・主任の
キャリアのルール

係長・主任のルール
92

自分の〝学年体質〟を確認しよう

キャリアには、その人のもつサイクル、節目のようなものがある。

そもそも仕事には、ある固まりと、一つのゴールがある。それが、中間点のゴールであれ、最終仕上がりのゴールであれ。その仕事の固まり、役割・ミッションを、どのようなサイクルで回すのが得意な人なのか、ということを、僕は人材コンサルタントの立場から、いつも推察している。それは過去の職歴からわかる。転職・採用支援の際には、そのサイクルが、今回お引き合わせしようと考えている企業の業務ミッション、あるいは、その会社のサイクルとフィットしそうかどうかというところを見るわけだ。

ネット・モバイル制作のＩＭＪ元社長の樫野孝人さんと、こんな話をしたことがある。

樫野さん曰く、

「俺は、〝高校生体質〟なんだよ。3年で、一つの仕事のサイクルを回してきたんだ」

では、僕は何だろう？　すると、僕の場合、見事に4年サイクルでこれまでのキャリアの節目を迎え、部門異動や転職をしていることに気が付いた。

「僕の場合は、〝大学生体質〟ですね!」

「松永真理さん（※iModeの生みの親。元『とらばーゆ』編集長）は、『アタシ、〝短大体質〟なの～』と言ってたよ」と、樫野さん。

なるほど、仕事の取り組み方のサイクルも、いろいろあるものだと、思った。

この話を、そのあと、折に触れ、経営者の方々にしているが、なかなか興味深い。丸善の小城武彦社長は、仕事人生を大きく12年区切りでとらえていて、その中の中間点である6年が一つの固まりだとおっしゃった。〝小学生体質〟だ（笑）。

高校生体質であれば、1年目に状況を把握し種をまき、2年目で手を打ち形にし、3年目で仕上げる。大学生体質であれば、1年目が状況把握と種まき、2年目で形にし、3年目はさらに伸ばし、4年目で集大成。短大体質は、1年目で仕掛け、2年目で仕上げ切る。

いずれにせよ、**一つの役割・物事をやり切るのにも、その人その人で、しっくりとくるサイクルや流れがある**ということなのだ。

この「学年体質」の把握、自己認識は、**長い社会人人生を、なるべく自分自身がもつ快適なバイオリズムに適応させる**ために、とても有効だと感じている。

係長・主任のルール

93

キャリアのサイクルは健全に回っているか？

さて、では、君のサイクル、〝体質〟は、何だろうか？　ちょっと、過去の経歴、職歴を確認してみてほしい。

数カ月〜1年程度の前後はあっても、ある一定期間で職務の変更や転職があるという君は、自分のキャリアサイクルを確立している人だ。そのサイクルが、3年〜6年の間に入っているなら、ノープロブレム！　ぜひ、今後も、そのキャリアサイクルを大切にしてほしい。

一方、まったく法則性が見出せないという君は、いまだ、何かの迷いや腑に落ちない業務の進め方に、少なからぬストレスを抱えているのではないだろうか？　ぜひ、そんな中でも、過去、自分が一番自分らしく職務をまっとうできたサイクルを見付けてほしい。それも見当たらないという人は、まず3年を一つのサイクルと考えて、現職務をまっとうしよう。

あるいは、実質的に一つの仕事の山のサイクルを完了したのに、〝下山後〟をしゅくしゅくと数年過ごしてしまっていたりしないだろうか。もちろん、それは山を乗り切った後の平和なときかもしれない。いつまでも、その「戦後」期間が続けば、それはそれで幸せな仕事人生だという考え方もありそうだ。だが、そうすると、次に寄せてきた変化の波に対応できなくなっている、錆び付いた自分に気が付くような事態に陥る可能性大だ。

いまの時代スピード、会社経営の変動要因、組織の変化可能性などを勘案すると、僕は、一つの職務ミッションについて遂行し切る適切な期間を、3年～5年と見ている。

かつては10年ひと山。20世紀に比べて、スピードが倍になっている分、期間はおよそ半分になっている。これより短すぎても、長すぎても、あまりよいことがないというのが、数千名の経営者やリーダーのキャリアを見てきた僕の、現段階での結論だ。

3～5年を一仕事として考え、設計し、やり切る。

30代以降は、これを繰り返し、経験を積み上げ、自分の職務ステージを上げていくのが王道のキャリア戦略となるだろう。

一つの大きな職務を、しっかりと完遂すること。そして、逆にひと山登りきった職務に執着しないこと。リフレッシュし、新たな、より大きな山を目指すこと。その**「やり切り」と「手放し」の繰り返し**が、必ず、君のリーダーとしてのキャリアの可能性を非連続的に広げ、道を切り開いてくれることは間違いない。

係長・主任のルール
94

自分と仕事の相性、棚卸し法

係長・主任となった君がこれからのキャリアを考えるに際して、リーダーや経営者の方々の人材紹介（エグゼクティブ・サーチ）をおこなう際に、僕達人材のプロがどのようなポイントを確認し、マッチングを図っているかが参考になると思う。

それは**自分自身の棚卸しと、職務（会社）の求めるものの棚卸し**。そして、そのマッチ度合いの確認だ。そこでその基本的におさえるべきポイントをご紹介してみたい。

まず個人の〝プロファイル項目〟としては、次のようなものが挙げられる。

①候補者の経歴（職歴、学歴）と現在の職務内容　↓　その人のコア・バリューを探す
②今回の転職希望理由は?今後、「今回」および「将来」、どのような立場でどのような職務に就きたいのか?その理由は?　↓　就労観の本音を探す
③どんな人物タイプか?　↓　似たタイプは似た仕事、似た失敗をするもの
④どのような職務が適役そうか?あるいは不向きそうか?

⑤希望条件は?（年収、勤務地、その他特記事項など）
⑥最終意思決定のポイントは?（競合案件の有無。本人の意思決定に強く影響を及ぼすものは?　など）

一方、企業案件の〝デューデリジェンス（調査）項目〟は、次のようなものだ。

①会社概要からではなく、職務内容を起点として見る　↓　就社ではなく就職
②なぜ、今回、この職務のニーズが発生しているのか?　↓　企業の本当の事情を探る
③どんな人が適役?どんな人にとってやりがいがありそうな職務?どんな人はNG?
④条件面は?
⑤任免権は誰がもつ?選考のプロセス・回数・決定までの必要期間は?　↓　どんでん返し防止

転職活動でなくても、いま、自分自身が担当している職務は、そもそもいったい、どんな会社の事情や理由で割り当てられているのか。その職務は今後、どのように展開していくことになるのか。あるいは、どのような異動や昇進が想像されるのか。不測のことは多々起こるものだが、**少なくとも「現時点での未来」については目を向けて把握しておきたい**。仕事の健康チェックは、活き活きと働き続けるための大切な問診票だ。

係長・主任のルール
95
会社に「貸し」を作ろう

係長・主任の君は、いま、仕事や人間関係、あるいは給料について、「借り」が多いだろうか、「貸し」が多いだろうか？

なるべくなら自分が貸している分よりも、貸してもらっているほうが多いほうが得だよなぁ。そう考えるかもしれない。しかし、これからリーダーとして活躍し続ける君はぜひとも、人間関係、仕事関係、給与については「常に貸越し」状態をキープしたい。

転職のときに、期待すること。「初年度の年収は、高いほうがよい。入社時に保証してくれないだろうか」。しかし、経営幹部の方々の転職を見届けてきて、僕はこうおすすめする。「あなたの給与が、もしも会社に対して〝前受け金〟になるようであればやめたほうがよいですよ。成果を出してから〝成功報酬〟でもらったほうが、ハッピーが続きます」。

先にも紹介したが、「返報性」という言葉がある。人は、何かを借りていると、それ以上のものをお返ししなければという感情が湧く、という心理だ。

会社が君に、君に期待できると思っている給与条件よりも当初低めで入社してもらったとしよう。すると会社は、「あれだけの力がある彼／彼女が、こんな待遇で入社してくれた。申し訳ない、ありがたいことだ」と感謝モードで当人を見る。そして、半年、1年で期待通り～以上の業績が出たら、よくやってくれた！と給与大幅アップ間違いなしだ。

一方、期待値まで届くかどうか不明な中で、本人の要望もあって高い給与水準で入社する。すると会社は、「さて、本当にやってくれるんだろうな」と、お手並み拝見モードになる。周囲とも妙にぎくしゃく、ちぐはぐする。そうなるとなぜか本来の力量も充分には発揮されず、1年後、あれれ……　最悪、仕事もしにくく結果も出ずで、経歴を汚す早期退職に……　嘘ではなく、こんな話が本当に多いのだ。

もし、係長・主任となった君の**給料が、働きに対して安すぎるとすれば、**「こんな給料でやってられない」「会社は自分を正当に評価してくれない」と嘆くよりも、**「ずいぶんと俺も会社に貸し付けているものだ」と思おうじゃないか。**働きよりももらいすぎているなら、何かあってリストラされたって文句言えずに、会社にしがみつくようになる。**会社に貸し付けているならば、怖いものなしだ。**会社は君を失いたくないし、万が一、外に出ることになったら、会社に貸し付けていた分、次の会社では、差額分が給与アップされるはずなのだから。

係長・主任のルール

96

辞令は、出てしまったら「喜んでお受けいたします！」

ある転職相談者のAさんのケースだ。

Aさんは某企業の子会社社長を努め、役員退任のタイミングを迎えた。そこで図らずも親会社が競合企業に買収されることになり、親会社に戻ってもその後どうなるかが不明に。残念だがこれも一つのタイミングと、別の会社を求めて僕のところに相談に来た。

Aさんはもともとその子会社に最初は部長で出向したのだが、実はAさんの前に辞令が出ていたBさんがいた。Bさんは、「何で親会社本部部長の自分がそんな子会社の部長に出向しなければならないのか！」と激怒。大揉めに揉めて固辞した末、本社の別部署にとどまったそうだ。

そこでAさんにお鉢が回ってきた。Bさんの騒動は同社内幹部でも話題になっていたので、辞令を聞いたときに、複雑な心境はあったものの、Aさんは「了解しました。これもご縁です。Bさんじゃなかったからダメになってしまったなんてことにならないよう、精一杯頑張ってきます（笑）」と快諾したそうだ。その後は子会社側でAさんの事業推進力が評価され社長に就任。親会社は買収されたが、Aさんは新天地で経営者として活躍するに至った。

一方、Bさんだが、親会社が買収される過程でBさんが異動した部署は部門リストラに。Bさん自身もリストラされ、その後、あいにく次の職場が見つからないままの状況とのこと……

ことほど左様に、キャリアというものはどう転ぶかわからない。

異動・昇進というものは、その検討過程においては、本人のそれまでの働きぶり・適性などと、会社側の組織事情、事業展開の状況の掛け合わせがおこなわれるので、本人からの希望を明確にすることや、人事や上長への事前の希望申し入れ、ネゴシエーションも大事だ。

しかし、意に沿おうと沿うまいと、辞令が出たら、揉めてもよいことは一つもない。

辞令は提示されたら、ニコッと笑って快諾。「了解いたしました！」

その上で、辞令を受けるに際しての要望などがあれば、こんな体制にしてもらえるか、こんな状態を設けてもらえないか、なぜならば、という話をしっかりとするのがよい。

ルールには従い、自分らしい一歩を踏み出せるチカラも、よいキャリアを積めるリーダーの条件だ。

係長・主任のルール
97
「君に何を任せると会社にとって得なのか」は明確だろうか？

では、そもそも、異動や昇進は、どのようなメカニズムで決定されるのだろう。

『「社長のヘッドハンター」が教える成功法則』（サンマーク出版）でもご紹介したが、社内で抜擢されたり、外部からスカウトされたりする可能性は、「人物コンテンツ」×「人物情報流通」、つまり次のようにあらわされる。

①人物コンテンツ＝その人が優れた人材である（「お墨付き人材」「お値打ち人材」）
②人物情報流通＝その人の存在を知っている

①は、「その職務について期待できる仕事力、もっている人脈や営業基盤、その他付随して発揮してもらえそうな業務上の特技や専門性などがどれくらい高いか」ということと「同じ仕事力レベルだった場合は、どれくらいリーズナブルか」の二つの掛け合わせで決定される。
つまり、まずお願いしたい職務へのフィット感・合致度の高さに関する確認があって、も

し同等の期待値で候補者が複数いた場合は、より「お値打ち～リーズナブル」なほうを選ぶということ。リーズナブルとは、「より年収が低い」「年齢が若い」ということだ。身もふたもない現実だが、同じ業務期待値なら、人件費は安いほうが会社の収益的にはよいし、より若いほうが長く働いてもらえる可能性が高いのでこれも会社にとってメリットがある。だから、その上で、会社が君に期待すること、期待できることをしっかりと確認しておきたい。

・自分は何が得意で、どのようなことを今後やっていきたいのか、やれるのか
・会社はどのような職務を期待し、関連する職務にはどのような人達がどのような条件で働いているのか

そして、また重要なのが「その人の存在を知っている」という状態作り。君がどんなに優れていて、新規プロジェクトのリーダーにふさわしい力量をもっていて、その職務に挑戦したいと熱望していたとしても、それを上司や人事、会社のトップが知らなければ、君に声を掛けようがない。「オレがオレが」は人間性としてよくないが、関係者に日々しっかりと自分から働きかけ、自身の情報を開示することはとても大切なことだと認識しよう。

まず、いまの会社の内部での自己確立と発信。次に、さらなる機会、可能性を広げるならば、外部への発信を高めよう。間違っても、内部より先に外部ばかり見てはいけない。

係長・主任のルール

98

自分のチームを改善できずに逃げ出すな

もし君が、何かの理由で転職を決意し、活動を始めたとしよう。

転職は、多かれ少なかれ、当然のごとく現職・前職への不満が前提となっている。転職先に応募し、面接に進んだ際、先方企業の社長や人事は応募者に聞く。「どのような理由で転職をお考えなのですか?」 君はこの質問に、どのように答えるだろうか。

経営者ＪＰでは幹部クラスの採用依頼を多くいただくが、該当候補者の方々とお会いしていて、しばしば気になることがある。

部門の責任者やリーダーは、経営の一翼を担う責務であり、その執行力が期待される。にも関わらず、お会いする候補者の方々の「目線」が低いのだ。

「現職の経営が思わしくなくて」

「社員も疲弊していて、離職者も多く……」

「次の一手が出てこないんです」

このような現職企業への不満が多く語られる。

状況は非常によくわかるが、これらを率いているのは、間違いなく、次の場を求め転職を考えている、目の前の方々。自身は、現職企業において、この状況をどう回避し、改善、改革してこられたのか。業績が上がらないという営業責任者、自社の財務や経理がうまく回っていないと嘆く経理財務部長、社員のモチベーションが落ちていて離職者が多い人事リーダー、次の一手が見出せない経営企画マネジャーを、果たして、次の会社の経営者は欲しがるだろうか？

「天に唾する」とは、まさしくこのこと。昨今、リーダー層やエグゼクティブ層の転職がより一般化している功罪もあるのかもしれない。いい大人が、こんな転職活動をしてしまうようになっていることに、業界の者としても大きな責任を感じる。

若手ならば、自社の部門がおかしい、経営がおかしい、という理由も立場上まかり通る。しかし、リーダー以上の方々は、部分であったとしても、組織を預かる立場の人達。それが、自部署がおかしい、自分が管轄している業務がうまくまわっていないでは、ちょっと困る。

辞めたいと逃げ出す前に、そもそも、もう一度、目の前の職務にしっかりと向き合ってみていただく必要があるかもしれない。

係長・主任のルール
99
転職活動は職務の委託を受注する気で臨め

係長・主任クラスの転職活動の方法が若手と異なるのは当然だが、職務経歴書の書き方も、面接時の話し方も、若手とリーダー以上では、求められることが異なってくる。

リーダー以上の人材の採用面接では、担当職務項目の羅列や肩書き名称の伝達だけでは足りないのだ。その業務はどのような背景やテーマ、課題をもっていて、自身としてはそれに対してどのようなことを考え、どのようなアクションを起こして、結果、どのような定量・定性の成果が出たのか。これを一式伝えることが大事だ。

この点をなるべくわかりやすく理解していただくために、僕は、リーダー・幹部クラスの方々の転職相談で、

「転職活動と考えるのを、止めてみてください。そうではなくて、○○職という業務委託を受注しようとしているんだ、と考えてみていただけますか」

というお話をよくする。

転職と考えると、どうも、営業部長、人事課長という募集職種にどう採用合格するかということで頭がいっぱいになり、そうすると、その職務が入社後にどのような業務遂行と成果を出すことを求めているのかという点と、自分がそれを本当にやれるのかどうかということの擦り合わせに目がいかなくなってしまう方が多い。繰り返すが、若手の転職は「ある職務についてもらう」という目線なのに対して、リーダー以上の転職は「ある部隊をお任せし、その部隊を率いて成果を出してもらう」という目線なのだ。

だから、**「この職務を私に任せる＝委託してくれた場合、こんな成果が必ず出ますよ」という、営業目線で考え、企業にプレゼンテーションするとうまくいく**のだ。

「受注できるか否か」という目線で、もう一度募集職種を見ると、案外、「あれ、それ、俺できないかも……」とか「その案件、確かに額（年収）は高いけど、受託後の業務を考えるとあまりやりたくない案件かも」などと気が付くことも、相当多いと思う。

転職は新会社への入社がゴールではない。入ってみて、「あれ、想定と違っていた……」ということは、自分にとっても会社にとっても絶対に避けなければならない。リーダー以上の転職は、転職後のミスマッチがその後のキャリアに与えるマイナスのインパクトが非常に大きい。しっかりと見定めて、よい「案件」を〝受注〟しよう。

係長・主任のルール

100

昇進、転職、独立という「手段」が目的となった時点で、必ず失敗する！

「キャリアデザイン」という言葉がある。どのような仕事人生を歩みたいか、どのようなキャリアを戦略的に積んでいき、自身の仕事のステージや年収を上げていくか、それをデザインしようということだ。組織論・キャリア論・ヒューマンリソース・人材開発などに関する研究者によって学説もいろいろと提示されている。ただ、いまひとつ、これだ、と思える理論がないのが事実。

「これ」という正解が見えないので、先行きの不安を感じるのはもっともだ。

それもこれも、先に固定的な「企業」や「組織」の箱、あるいは「キャリア設計図」のようなものを期待してしまうから起こる悩みだと思う。

社会も個人の人生も、未来は決まりきったものではなくて、いろいろな可能性、展開が起こるものだということを土台に、動いていくのがベストだ。これから自分が、現在担当している仕事を足がかりに、**「どのようなことができて（CAN　能力・才能）」**、**「どのようなこ**

とをやりたい（WILL　動機・欲求）」のかという自分の軸と、**「どのような職務・事業に就くか（MUST　役割・責任）」**という働く土俵の軸の三つの接合点（三つの輪、という）を**定期的に見直し、更新**しながら、仕事上のライフテーマ、ライフワークを確定していってほしい。まさに、この係長・主任時代というリーダーデビューステージが、これを確定させる熟成期なんだ。仕事上の自己を探求する最大の山場が、いまなのだ。

これから数年、自分でも思わなかったような気付きや自己発見、見直し、やり直しなどが頻発する時期でもある。さらに上の役職への昇進、あるいは転職、場合によっては一念発起しての独立などというアクションを取るかもしれない。

一つだけ忠告すると、現状不満が理由なだけで、「脱出モード」で転職・独立したり、肩書きや経歴上のブランドを得たいだけの理由で昇進を狙ったりはしないでほしい。上記の「三つの輪」のない中で、昇進・転職・独立という「手段」を「目的化」した人達のその後の40代、50代、60代での苦労を、僕は嫌というほど見ているから。

係長・主任となった君が、もっとも注力しなければならない「仕事」は、自分の仕事人生のテーマをこの係長・主任のうちに確定させることだといってもよい。それが、その後の君のキャリアを大きく分けるのだから。心してかかり、何よりこの期間を楽しんでほしい！

あとがき

係長・主任時代が君の「不動のスタイル」と「ライフワーク」を決める！

「初めてリーダーとなった、係長・主任の悩めるAくん（32歳）のための一冊を書いていただけませんか」

編集部より、そんなお声掛けをいただき、本書の執筆が始まった。

「はじめに」に書いた通り、この係長・主任時代で、その後の長い仕事人生の土台と方向が決定付けられる。さまざまな立場・状況にある経営者やリーダーの方々のキャリアを10年来見続けてきたが、今回、その係長・主任時代を棚卸ししてみて、改めて身震いした。この時期をどう進んだかで、その後が決まっているじゃないか——

そのターニングポイントとなり得るものを、可能な限り洗い出してみた。紙幅の限界があるので、一般的な類書に触れられているようなことはなるべく割愛し、実際にその後経営者やリーダーとして活躍している方々の共通項、特長や取り組んでいることに絞ったつもりだ。

僕が現在、経営者JP社で取り組んでいるのは、「豊かで力強い日本経済や社会づくりの一翼を担う、志高き経営者・リーダー」の育成と輩出だ。この本の読者から、一人でも多くの明日を担う志高きリーダーが羽ばたいていただけたら、これほど嬉しいことはない。

明治時代の哲学者・教育者である森信三翁がその生涯の活動で普及に務められていた文章に、次のようなものがある。

「人間の一生（読み人知らず）

職業に上下もなければ貴賤もない。世のため人のために役立つことなら、何をしようと自由である。しかし、どうせやるなら覚悟を決めて十年やる。すると二十からでも三十までには一仕事できるものである。それから十年本気でやる。すると四十までに頭をあげるものだが、それでいい気にならずにまた十年頑張る。すると、五十までには群を抜く。しかし五十の声をきいた時には、大抵のものが息を抜くが、それがいけない。「これからが仕上げだ」と、新しい気持ちでまた十年頑張る。すると六十ともなれば、もう相当に実を結ぶだろう。だが、月並みの人間はこの辺で楽隠居がしたくなるが、それから十年頑張る。すると、七十の祝いは盛んにやってもらえるだろう。しかし、それからまた、十年頑張る。するとこのコースが一生で一番おもしろい。」

人生は長い。10年をクリアするごとに、新たな10年のステージが待ち受けている。

本書をお読みいただき、その中のいくつかでも実際に取り組んでみた君と、5年後、10年後にまたお会いできることを心から楽しみにしている。

末筆になりますが、本書の企画をご提案くださった編集部の古川創一さん、編集を担当くださった編集部長代理の藤田知子さんに深謝いたします。また経営者インタビュー記事などで露出ご協力をいただいておりますＩＴｍｅｄｉａエグゼクティヴ様、東洋経済オンライン様、調査委託をいただきました株式会社リクルートマネジメントソリューションズ 組織行動研究所様には、それぞれの企画時に経営者各位におうかがいした内容も参照、活用させていただきましたことを御礼申し上げます。何よりも本書にご登場いただいた各位、日頃からさまざまな気付きやアドバイスを頂戴しております皆様に、心から感謝申し上げます。

２０１２年３月11日

※東日本大震災一周忌の日に。

被災者の皆様へ心より哀悼の意とお見舞いを申し上げます。

被災地の一刻も早い復旧および復興を心よりお祈り申し上げます。

井上　和幸

株式会社 経営者JP　事業内容

■エグゼクティブサーチ事業

経営幹部層（社長・取締役、CEO・COO・CFO等の経営執行責任者、事業部門責任者、部長職位者、課長職位者）の人材紹介（エグゼクティブサーチ、ヘッドハンティング）

■コンサルティング事業

エグゼクティブコーチング、組織開発支援、経営コンサルティング、社外取締役・顧問等の派遣、講師派遣

■セミナー事業

経営者・リーダー向けセミナー、講座の主催・運営

■会員事業

経営者・リーダー対象の会員組織の主催・運営、会員向けコンテンツ販売

〒150-0012　東京都渋谷区広尾1-16-2　K&S恵比寿ビルII 6F
info@keieisha.jp

■著者略歴
井上　和幸（いのうえ　かずゆき）
株式会社 経営者JP　代表取締役社長・CEO
1966年群馬県生まれ。1989年早稲田大学政治経済学部卒業後、株式会社リクルート入社。2000年に人材コンサルティング会社に転職、取締役就任。2004年、株式会社リクルートエグゼクティブエージェント（旧・リクルート・エックス）に入社。エグゼクティブコンサルタント、事業企画室長を経て、マネージングディレクターに。2010年2月に株式会社経営者JPを設立（2010年4月創業）、代表取締役社長・CEOに就任し、現在に至る。
人材コンサルタントとして、企業の経営人材採用支援・転職支援、経営組織コンサルティング、経営人材育成プログラムを提供している。実例・実践例から導き出された公式を、論理的に分かりやすく伝えながら、クライアントである企業・個人に個々の状況を的確に捉えた、スピーディな人材コンサルティング提供力に定評がある。自ら6000名超の経営者・経営幹部と対面してきた実績・実体験を持つ。
著書に『「社長のヘッドハンター」が教える成功法則』（サンマーク出版）、『人物鑑定法　あの人も、丸見えになる』（経済界）など。メディア出演多数。

ホームページ「経営者.jp」
http://www.keieisha.jp/
会員サイト（無料）「経営者JP CLUB」
http://www.keieisha.jp/club/
メールマガジン「エグゼクティブの条件」
https://www.keieisha.jp/mailmaga.php
facebookページ
http://www.facebook.com/keieishajp
ブログ「経営者マインドを科学する」
http://blog.livedoor.jp/kazuyuki0329inoue/

本書の内容に関するお問い合わせ
明日香出版社　編集部
(03) 5395-7651

あたりまえだけどなかなかできない　係長《かかりちょう》・主任《しゅにん》のルール

2012年　4月　17日　初版発行
2017年　2月　25日　第12刷発行

著者　井《いの》上《うえ》和《かず》幸《ゆき》
発行者　石野栄一

明日香出版社
〒112-0005 東京都文京区水道2-11-5
電話 (03) 5395-7650（代表）
(03) 5395-7654（FAX）
郵便振替 00150-6-183481
http://www.asuka-g.co.jp

■スタッフ■　編集　小林勝／久松圭祐／古川創一／藤田知子／田中裕也／大久保遥／生内志穂　営業　渡辺久夫／浜田充弘／奥本達哉／平戸基之／野口優／横尾一樹／関山美保子／藤本さやか　財務　早川朋子

印刷　株式会社フクイン
製本　根本製本株式会社
ISBN 978-4-7569-1546-7 C2036

編集担当　藤田知子

残業させないチーム仕事術

石谷　慎悟　著

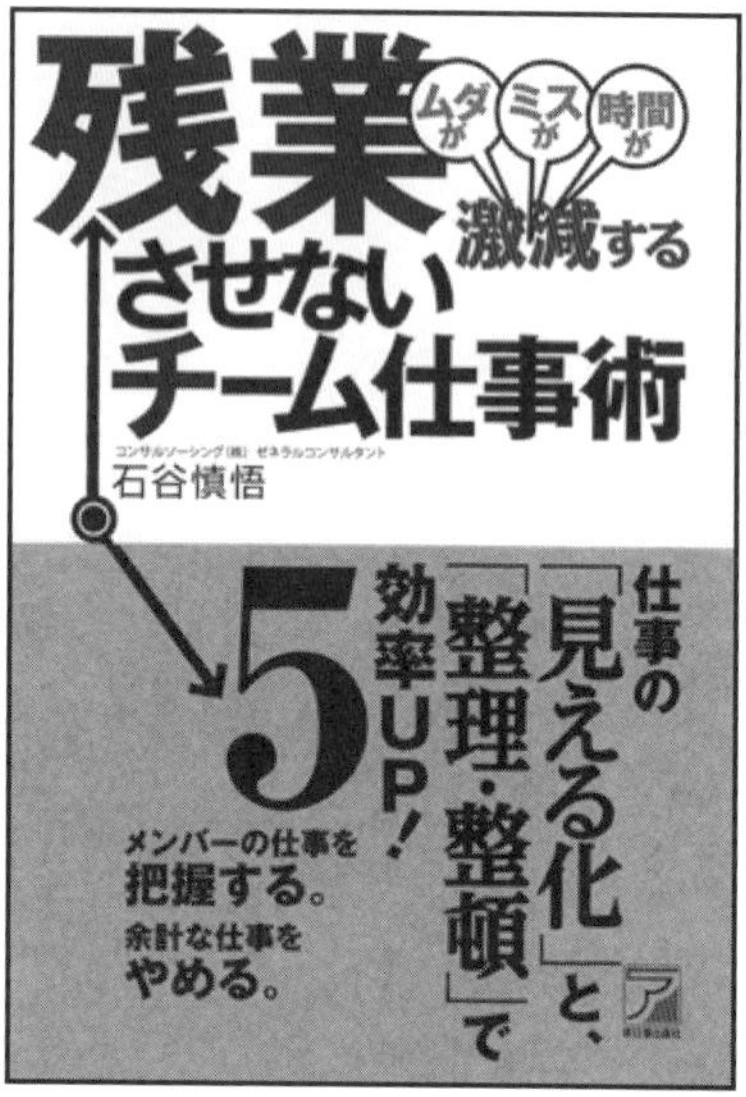

ISBN978-4-7569-1395-1
B6 並製　224 頁　本体 1500 円

ワークライフバランスという考え方が浸透しはじめ、仕事は大事だがプライベートも充実したいというビジネスパーソンが増えてきた。そこで、仕事の「見える化」を行い、誰がどんな作業をやっていてどんな問題を抱えているのか、余計な仕事をしていないか、仕事に偏りがないか、仕事の流れが悪くないかなどを検証する。

「見える化」により出てきた問題に対して、仕事を「捨てる」･「ならす」･「流れるようにする」ことで効率がよく生産性の高いチームを作る。

あたりまえだけどなかなかつくれない チームのルール

小倉　広著

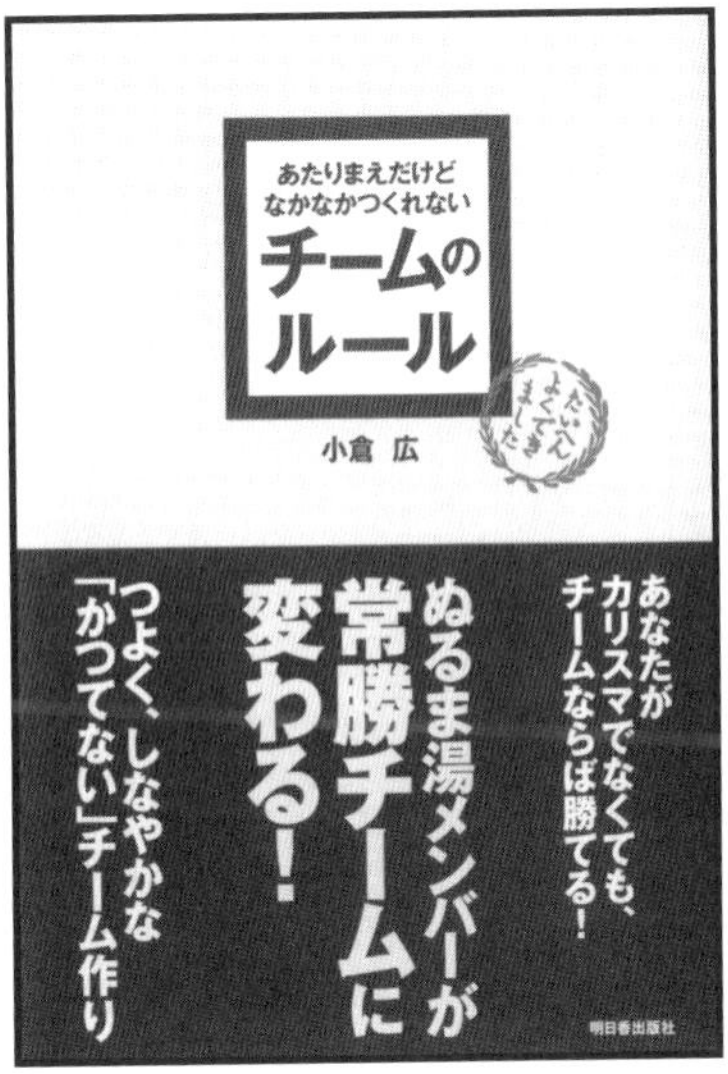

08 年 11 月 発行
ISBN978-4-7569-1242-8

あたりまえのようで、なかなか徹底できない、頭でわかってはいても、なかなか実行に移せていないチーム運営のルールを 2000 社を指導する組織コンサルタントとして活躍し、自身も社長として会社を回している著者がわかりやすく解説します。

仕事が「速いリーダー」と「遅いリーダー」の習慣

石川　和男 著

ISBN978-4-7569-1840-6
本体 1500 円＋税　B 6 判　240 ページ

プレイングマネージャーと言われる管理職が増えてきました。彼らは、実務をこなしながら、部下の面倒も見なければなりません。従って、毎日忙しい日々に追われ、自分の時間を持つことができないのです。本書は、リーダーの仕事を早く行うための習慣を 50 項目にまとめました。

強いチームをつくる！
リーダーの心得

伊庭 正康 著

ISBN978-4-7569-1691-4
本体 1400 円＋税　Ｂ６判　240 ページ

リーダーは資質ではなく姿勢・コツがものを言うというスタンスを実例をあげながら紹介します。コミュニケーションの取り方、チームビルディング、目標設定＆実行など、具体的にとるべき行動とそのコツを実体験を交えつつやさしく解説します。